电力零售的未来发展

[美] 弗兰克·沃拉克（Frank A.Wolak）
[美] 伊恩·哈德曼（Ian H.Hardman） 著

广东电力交易中心有限责任公司
电力规划设计总院　　　　　　　　组译

舒康安　凡鹏飞　姚立明　李　嵘　张朋宇　孙　振　罗锦庆
李梓仟　李凯欣　魏宏阳　卢　苑　孟令强　徐　云　刘嘉俊
周震东　钟佳宁　王　奖　郑颖楷　黄靖茵　丁绮璐　施　琦
张　艳　郭吉群　谢楷俊　译

机械工业出版社

本书从电力零售市场的理论分析、技术发展、运行实践等方面介绍了零售市场的现状和发展趋势。首先介绍了当前电力零售市场设计和监管领域面临的趋势和挑战，以及智能技术在重塑公用事业发电技术及其与消费者之间的互动方式方面所发挥的作用。其次，对有关零售商和消费者激励措施作用的微观经济理论进行了分析。最后，结合全球不同地区零售市场的最新数据和最新政策，讨论了输配电网络定价的低效率问题和可用于补偿该问题的潜在监管方法，以及零售市场竞争的优点，并分析了目前阻碍零售市场竞争效益的现实障碍。

本书适合能源电力行业相关政策制定者和从业人员、高校学生以及其他对能源电力行业感兴趣的相关人士阅读参考。

First published in English under the title

The Future of Electricity Retailing and How We Get There

by Frank Wolak and Ian Hardman, edition: 1

Copyright © Frank A. Wolak and Ian H. Hardman, 2022

This edition has been translated and published under licence from Springer Nature Switzerland AG.

北京市版权局著作权合同登记 图字：01-2023-2327 号

图书在版编目（CIP）数据

电力零售的未来发展 /（美）弗兰克·沃拉克（Frank A. Wolak），（美）伊恩·哈德曼（Ian H. Hardman）著；舒康安等译 . —北京：机械工业出版社，2024.4

书名原文：The Future of Electricity Retailing and How We Get There

ISBN 978-7-111-75040-6

Ⅰ . ①电… Ⅱ . ①弗… ②伊… ③舒… Ⅲ . ①电力市场 – 零售市场 – 研究 – 世界 Ⅳ . ① F416.61

中国国家版本馆 CIP 数据核字（2024）第 041670 号

机械工业出版社（北京市百万庄大街 22 号 邮政编码 100037）
策划编辑：翟天睿　　　　　　　责任编辑：翟天睿
责任校对：孙明慧 李 婷　　　封面设计：马若濛
责任印制：刘 媛
北京中科印刷有限公司印刷
2024 年 6 月第 1 版第 1 次印刷
169mm × 239mm · 8.75 印张 · 176 千字
标准书号：ISBN 978-7-111-75040-6
定价：99.00 元

电话服务　　　　　　　　　　网络服务
客服电话：010-88361066　　机 工 官 网：www.cmpbook.com
　　　　　010-88379833　　机 工 官 博：weibo.com/cmp1952
　　　　　010-68326294　　金 书 网：www.golden-book.com
封底无防伪标均为盗版　　机工教育服务网：www.cmpedu.com

译者序

以理顺电力价格形成机制、完善市场化交易机制为重点任务的新一轮电力体制改革已推进超过 8 年的时间。改革实施以来，我国发用电计划持续放开，电力市场建设如火如荼。市场化交易的开展在实现电力资源优化配置的同时，也推动了新模式新业态的发展，特别是代理工商业用户参与市场交易的售电侧主体得到了较好的培育。对于初期的电力市场，售电企业主要通过赚取购售价差实现盈利。随着售电主体业态的持续发展和电力市场化改革的不断深化，售电企业则需要通过增加服务内容、提升服务质量、提高交易技术水平等方式，来适应日益激烈的市场竞争和不断复杂的市场环境。特别是碳达峰、碳中和目标和电力现货市场持续建设的背景下，售电企业既要满足电力用户节能低碳的需求，又要应对持续波动变化的电力现货交易价格风险。

广东是我国改革开放的前沿地，电力体制改革以来，广东积极贯彻落实政策要求，创新交易机制，规范交易流程，建成了较为完备的电力市场体系。为进一步深入了解国外电力市场建设运行情况，更好推动广东电力市场建设完善，广东电力交易中心与电力规划设计总院在业务合作过程中，发现了美国斯坦福大学 Frank A. Wolak 教授与 Ian H. Hardman 研究员合著的 *The Future of Electricity Retailing and How We Get There* 一书，从电力零售市场的理论分析、技术发展、运行实践等方面介绍了零售市场的现状和发展趋势。我们认为，本书关于零售市场的基本理论和研究分析对我国电力市场建设完善有着一定的借鉴意义，为此，我们希望通过翻译本书，为双碳目标下的电力市场化交易机制建设提供帮助。

本书共设置了 9 章。第 1 章介绍技术变革背景下电力零售业发展的两条不同的方式和路径，并对本书的整体结构和内容进行了概要的介绍；第 2 章结合相关技术的发展趋势，分析电力零售业变革的驱动因素；第 3 章则在此基础上分析电力零售业变革可能会面临的问题和阻碍；第 4~6 章对电力零售业和影响电力零售业发展的主要技术的发展现状进行了阐述；第 7 章以技术现状为基础，展望电力零售业的未来发展趋势；第 8 章则基于前述分析，介绍美国加利福尼亚州和得克萨斯州的零售市场设计经验；在第 9 章中，作者对研究成果进行了总结并阐述了未来的研究方向。

在此，感谢机械工业出版社对本书出版的大力支持。本书翻译组成员为翻译工作付出了很大努力，但因水平有限，译文内容难免有不妥之处，敬请各位读者批评指正。

原书前言

在电力供应行业重组的过程中，电力零售市场所获得的关注度远远低于电力批发市场。考虑到 20 世纪 90 年代初电力行业重组的初始情况，将关注点放在电力批发市场上是无可厚非的。近乎所有的电力需求均由可调配的火力发电机组所满足。大部分的电力用户使用的是手动读取的机械仪表，故任何形式的动态零售定价都不存在。电力用户中，很少有人使用屋顶太阳能系统进行发电，且所有的现场发电仅作为紧急情况备用，因而几乎没有电力用户会将自己所产电能重新输送回电网。互联网发展仍处于萌芽时期，用于监控和转换电器用电量的无线通信和调控设备的开发也仍处于起步阶段。运输行业电气化和空间供暖并不是环境政策的主要目标。目前，许多地区都在利用间歇性可再生能源发电来获取大部分电力。许多地区拥有配电网连接下的太阳能和风能发电设备，为用户提供了大部分电力。越来越多的地区都安装了间隔电表，用于记录每小时用户的电力消费量，从而可以按小时对用户的电力净投放和净回笼进行定价。技术变革和无线通信的迅猛发展促使低成本设备不断更新换代，仅仅通过一部小小的手机或是其他智能设备便可以远程监控电器的电力消耗。最后，全球气候问题促使许多地区实施积极的政策，以实现交通和空间供暖行业的电气化。

尽管科技和能源政策不断变化，但是大部分地区的电力零售市场变化不大。人们认为，若电力零售市场未能适应如上变化，则会限制电力行业重组所带来的经济效益和环境效益，因而人们开始对电力零售未来发展进行分析。人们对于适应这些改变所采用的反应性方法和前瞻性方法进行了区分，因为电力行业的初始情况和政策目标将决定最终所采纳的方法。随后，本书对上述电力零售变革的科技驱动因素进行了调查，并对阻碍实现变革可能带来的经济和环境效益的监管限制进行了考察。之后，转而讨论电力零售市场的发展现状以及科技发展趋势。根据为适应改变所作出的反应性和前瞻性观点，描绘了电力零售行业的可能未来发展前景。人们认为，2020 年 8 月在加利福尼亚州和 2021 年 2 月在得克萨斯州所发生的事情具有重要的参考意义，即在拥有间歇性可再生能源的地区进行变革的必要性。最后，本书就未来研究方向提出建议。

我们希望，通过本书，各个地区能够批判性审视其电力零售行业，并明确电力零售行业的发展是否阻碍其经济和环境效益的实现。我们也希望，为适应科技和环境政策的改变所构建的框架可以为一些地区提供借鉴意义。

弗兰克·沃拉克
伊恩·哈德曼
2021 年 6 月

关于作者

弗兰克·沃拉克，斯坦福大学经济学系的在职教授，主要研究方向为商品价格，同时担任能源与可持续发展项目（PESD）的项目总监。其研究和教学重点为美国和全球能源和环境市场的构建、性能和监控。1998年4月至2011年4月，担任加利福尼亚州独立系统运营商市场监管委员会（MSC）主席，该委员会负责独立监控加利福尼亚州的电力供应行业。2012年1月至2014年12月，沃拉克担任少数民族咨询委员会（EMAC）成员，负责管理加利福尼亚州温室气体排放的市场配额。该委员会就控制加利福尼亚州温室气体排放配额的总量与构建和监控交易市场，向加利福尼亚州空气资源委员会建言献策。

伊恩·哈德曼，加利福尼亚大学伯克利分校农业与资源经济学系（ARE）博士生，斯坦福大学弗里曼·斯波格利国际研究所能源与可持续发展项目的研究助理。

目　录

译者序

原书前言

关于作者

第 1 章 / 引言：通向未来电力零售业的两条道路 ……… 1

1.1　反应性方法 ……………………………………………… 1

1.2　前瞻性方法 ……………………………………………… 1

1.3　本书结构 ………………………………………………… 2

第 2 章 / 零售业变革的驱动因素 …………………………… 4

2.1　机械仪表和间隔电表技术 ………………………………… 4

2.2　成本下降：传感、储存和太阳能 ………………………… 6

2.3　分布式太阳能：电网发电的有力竞争者 ………………… 8

2.4　低成本双向通信技术 ……………………………………… 12

2.5　交通和供暖部门电气化 …………………………………… 12

　　2.5.1　运输电气化 ……………………………………… 12

　　2.5.2　供暖电气化 ……………………………………… 16

参考文献 ……………………………………………………… 18

第 3 章 / 变革的监管阻碍 …………………………………… 21

3.1　间隔电表部署的阻碍因素 ………………………………… 21

3.2　间隔数据获取和用户交互 ………………………………… 22

3.3　低效的输电和配电网络定价 ……………………………… 23

　　3.3.1　低效分流：以加利福尼亚州为例 ……………… 25

　　3.3.2　太阳能分布式发电与电网的低效投资 ………… 25

3.4　配电网络规划的监管改革 ………………………………… 27

3.5 配电网服务定价前景 ·········· 28

3.6 清除新技术应用阻碍 ·········· 28

参考文献 ·········· 29

第4章 电力零售市场现状 ·········· 30

4.1 美国电力零售市场 ·········· 30

4.2 美国以外的零售电力市场 ·········· 36

4.3 零售电力的动态定价 ·········· 39

4.3.1 动态定价的必要技术和监管框架 ·········· 39

4.3.2 动态定价与分时电价定价 ·········· 40

4.3.3 现有的动态定价方案的调查 ·········· 41

参考文献 ·········· 44

第5章 发展现状 ·········· 46

5.1 时间间隔电表的发展规模 ·········· 46

5.1.1 智能电表在美国的发展 ·········· 46

5.1.2 智能电表在欧洲的发展 ·········· 50

5.1.3 智能电表在澳大利亚、新西兰、亚洲的发展 ·········· 51

5.1.4 智能电表在拉丁美洲的发展 ·········· 53

5.2 分布式太阳能的部署范围 ·········· 54

5.2.1 分布式太阳能在美国的发展 ·········· 55

5.2.2 分布式太阳能在欧洲的发展 ·········· 59

5.2.3 分布式太阳能在澳大利亚、新西兰、亚洲的发展 ·········· 61

5.2.4 分布式太阳能在拉丁美洲的发展 ·········· 62

5.3 动态定价的采用范围 ·········· 63

5.3.1 美国、加拿大采用动态定价 ·········· 63

5.3.2 欧洲采用动态定价 ·········· 66

5.3.3 澳大利亚、新西兰、亚洲采用动态定价 ·········· 68

5.3.4 拉丁美洲采用动态定价 ·········· 68

5.4 需求响应计划的采用范围 ·········· 69

5.5 第三方接入配电网规则 ·········· 70

参考文献 ·········· 71

第 6 章 / 提供配电网络服务的技术 ·················· 74

6.1 间隔电表系统 ··· 74
   6.1.1 技术规范 ··· 74
   6.1.2 用户隐私数据 ··· 76
6.2 网络监管体系 ··· 78
6.3 自动转网技术 ··· 79
6.4 分布式电力资源管理系统 ····································· 79
6.5 协助用户参与电力批发市场 ··································· 81
参考文献 ·· 82

第 7 章 / 电力零售的潜在未来 ·························· 84

7.1 电价改革迫在眉睫 ··· 84
   7.1.1 采用平均成本定价法回收沉没成本 ······················· 84
   7.1.2 采用边际成本定价法回收沉没成本 ······················· 85
   7.1.3 用需求费用收回沉没成本 ······························· 86
7.2 如果动态定价有效，为何不受用户青睐 ··························· 87
   7.2.1 零售竞争在界定可行边界中的作用 ······················· 89
   7.2.2 平衡负载与发电 ······································· 92
   7.2.3 管理广泛部署的间隔电表 ······························· 94
   7.2.4 动态定价有更广泛的经济效益 ··························· 95
7.3 价格波动支持灵活技术需求 ··································· 97
   7.3.1 减少价格波动的批发市场设计 ··························· 99
   7.3.2 多结算区位边际定价市场的收益 ························· 100
   7.3.3 面向未来零售的批发市场设计 ··························· 102
7.4 反应性与前瞻性：决定电力零售的未来 ························· 103
   7.4.1 前瞻性 ·· 105
参考文献 ·· 107

第 8 章 / 加利福尼亚州和得克萨斯州的零售市场设计经验···108

8.1 加利福尼亚州需求响应产品的缺陷 ····························· 109
8.2 2021 年 2 月得克萨斯州零售市场设计的经验教训 ···············112

8.2.1 得克萨斯州市场的可靠性外部性 ·············· 112

8.2.2 电力零售商的监管权 ·············· 114

8.3 间歇性可再生能源占很大比重的电力零售业 ·············· 116

参考文献 ·············· 116

第 9 章 未来研究方向 ··············· 117

9.1 直接负载控制的技术和财政可行性 ·············· 117

9.2 受管制的非电线替代方案和不受管制的服务 ·············· 117

9.3 分布式能源管理系统（DERMS）投资的可行性 ·············· 118

9.4 配电网的时空定价 ·············· 118

9.5 调整用户以管理批发价格波动 ·············· 119

9.6 低碳能源捆绑策略 ·············· 119

附 录 ··············· 121

附录 A 当前分布式光伏政策实例 ·············· 121

附录 B 数据和方法 ·············· 122

B.1 来自美国能源信息署的数据 ·············· 122

B.1.1 高级计量 ·············· 123

B.1.2 动态定价 ·············· 123

B.1.3 分布式太阳能 ·············· 124

B.1.4 需求响应 ·············· 125

B.1.5 零售价格数据 ·············· 125

B.2 彭博社的数据 ·············· 126

B.2.1 技术价格 ·············· 126

B.2.2 全球电动汽车发展趋势 ·············· 126

B.3 IEA 2019 年可再生能源数据的计算 ·············· 127

B.4 美国电动汽车发展趋势 ·············· 127

参考文献 ·············· 128

第1章 引言：通向未来电力零售业的两条道路

电力零售行业的发展正处在十字路口，技术变革正在逐步侵蚀传统电力零售模式的收入。众多新技术都有可能为电力零售商创造新产品，提供新的收入来源。电力零售行业的发展机遇与挑战并存，基于此，人们提出了两种可能的方法评估其未来，即反应性和前瞻性。

1.1 反应性方法

每一种监管方式均会涉及成本与收益。反应性方法的优点在于可应对实际情况下发生的，对电力零售行业产生巨大负面影响且值得监管的技术变革。然而，这一方法并不适用于所有技术类型，也无法确保电力用户和生产商的经济效益。但考虑到某些地区现有基础设施、电力监管和可再生能源资源现状，此方法也许最为合适。

反应性方法，主要适用于间隔电表安装范围有限、光伏发电能力有限，以及可再生能源分布有限的地区。当下，应当对输配电定价以及零售定价进行监管改革，以提升零售市场竞争力，使得分布式太阳能、储能和其他灵活负荷技术能够获得合理收益。

1.2 前瞻性方法

前瞻性方法有一个潜在缺点，即电力基础设施的某些投资成本或监管流程的改进无法根据预期投资和监管规则所产生。前瞻性方法的好处在于可超前投资基础设施并加强监管，使得电力零售行业可以充分享受这些最新技术带来的好处。鉴于目前所设定的气候目标、可再生能源发展以及基础设施和监管设施的现状，该方法可能是一些辖区最为合适的方法。

那些广泛安装间隔电表、大量光伏发电，以及对可再生能源发展雄心勃勃的地区非常适合采用前瞻性方法。对输配电定价以及零售定价进行监管改革也是前瞻性方法中不可或缺的一环，这一改革类似于针对反应性方法所作出的监管改革。通过电力批发市场监管改革，也能提高零售市场的竞争力。结合市场需求，探索为分布式光伏、储能和其他灵活负荷技术提供经济性鼓励政策。

前瞻性方法能否取得成功，能否全面实现经济和可靠性效益，主要挑战在于监管机构和政策制定者是否愿意允许用户自主管理短期批发市场和辅助服务价格风险。本书将列举世界多地的市场建设和监管政策，这些政策严重限制或是消除了用户管理短期批发市场和辅助服务价格风险的意愿。建议出台相关政策，抑制用户管理短期价格风险的潜在不利因素，从而提升监管机构允许用户自行管理风险的可能性。

这两种监管方式结合了各地区为适应新技术可能做出的一系列调整。了解这两种极端监管方式针对电力零售未来所产生的成本和收益，可以为各地区确定其电力零售发展道路提供有利借鉴。一个地区确定采用哪一种方法或是组合，将决定其电力零售业的未来构建和运作，且监管变革也将对用户利益产生极大影响。

1.3 本书结构

本书还探讨了以下内容：为了探究电力零售行业的未来发展前景，首先要明确电力零售行业中的创新驱动的变革。科技变革包括降低电子监控设备（包括间隔电表）、分布式太阳能发电和其他配电网络连接（分布式）发电技术，以及电网和分布式储能技术的成本。降低收集和分析间隔消费数据成本，为电力用户提供实时电力消费的可行信息，以及不断增长的电动汽车和空间供暖需求是我们所要讨论的其他变革驱动因素。

本书中还提及了如今整个输配电网络中，以最低成本发展相关技术的主要经济和监管障碍，其中包括安装基础设施的规模经济和范围经济、输配电网络接入的平均成本定价以及对分布式太阳能发电和电网发电投资的影响，还有那些限制了终端用户参与电力零售市场交易的规定。此外，就电力用户而言，目前用户所接收的可行信息和反馈有限，配电网监控技术应用受阻，以及配电网络定价和第三方访问服务领域的监管不足，都是在本书中所讨论的电力设备发展阻碍因素。

随后，我们调查了应用以上技术和监管规则的发达国家和发展中国家的电力发展现状，并讨论了应如何在这些国家中实现前瞻性和反应性转型。就技术而言，影响转型途径选择的因素在于间隔电表的安装和现存分布式太阳能发电装机容量。就监管规则而言，影响因素包括监管机构设定的零售价格、零售竞争现状、监管机构是否允许动态定价以及为应对第三方接入配电网络提供负载和发电的监控技术所设立的监管规则。

接下来，讨论反应性方法和前瞻性方法下电力零售的未来发展。电力零售的未来取决于多个因素，例如电力零售行业中纯粹金融参与的程度、监管机构是否允许终端用户自行管理每小时电力批发价格波动，以及该地区实现交通和供暖电气化的决心。其他驱动因素还包括监管机构为配电网络服务设定的关税类型，以及监管机构鼓励终端用户积极参与配电网络可靠运行。

结论是，应该运用两种监管方式以适应那些影响电力零售业发展的新技术。对于那些无法广泛安装间隔电表或按小时向用户收取费用的地区，反应性方法可能更加适用。但是，如果在分布式太阳能资源丰富的地区采取反应性方法，则必须要改革输配电网络定价或者对分布式太阳能投资额进行严格监管，以限制低效电网供电旁路的产生，发电主体为投资了分布式发电设施的实体，其平均成本低于电网供电，但边际成本高于电网供电。

对于那些想要广泛安装间隔电表和按小时向用户收取费用的地区，前瞻性方法更为适用。然而，前瞻性方法需要对输配电网络定价进行改革，以限制发电商生产低效电网供电旁路的想法。众多地区的电力批发市场业必须进行改革，从而充分利用以上技术，为消费者和零售商带来全方位的经济效益。随着监管的不断完善和电力批发市场改革的不断推进，分布式发电和电力储存几乎无需额外监管。相反，实施了这些改革的地区便可以主要依靠市场机制对分布式太阳能、储能和其他灵活负荷技术进行有效投资。

本书探讨了在间歇性可再生能源丰富的市场中，电力零售商所面临的挑战。本书分析了加利福尼亚州需求响应计划的一些缺点，并点明了能够防止未来产生供应短缺现象的最佳方法。同时，还以 2021 年 2 月得克萨斯州的停电事件为例，详细讨论了外部电力可靠性问题，并强调了长期建设稳定电力资源供应机制的重要性。最后，提到在电力零售行业中，如何通过前瞻性方法应对现实挑战。

本书最后一章探讨了电力零售业的未来发展方向，以期帮助地区决策者为其电力零售行业选择最合适的监管方式，并最大限度地运用该监管规则保护电力用户权益。在未来，反应式方法研究的主要领域是制定监管机制，从而使那些未大范围安装间隔电表的地区能够以最低的成本使用新技术。在未来，前瞻性方法研究的主要领域是配电网络服务根据时空变化进行定价的可行性，以及实现输配电网络运行和零售行业中批发市场运行之间的协调。未来研究的另一个领域，即除配电网络运营商或电力零售商外，开发其他市场主体所提供的配电服务网络，通常情况下，这些被称作第三方网络服务。最后，就反应性和前瞻性方法而言，还存在另一个重要研究领域，即制定电池和灵活负荷技术的监管规则，通过提供无线传输和配电网络替代技术赚取监管收入，或者通过提供运行备用和能源赚取市场收入。

第2章 零售业变革的驱动因素

电力零售中，新技术的出现往往会引发变革。这些技术主要是电子监控和通信设备创新的产物。软件工程的不断进步，以及高速有线网络和无线网络的广泛应用，使得新技术在全球发达国家和发展中国家中占据了一席之地。本章将重点讨论那些已经改变或者正在改变电力零售业的科技。

2.1 机械仪表和间隔电表技术

从历史发展来看，电表一直都是作为模拟设备而存在的，必须在每个计费周期结束后手动读取。例如，每月以抄表为界结束本月计费周期，然后将该抄表数字同上一计费周期的抄表数字相比较，两者相减即为本计费周期内用户的用电量。在许多工业化和发展中国家中，此种计费手段仍广泛存在。

按月读取机械仪表使得电力零售商无法在计费周期内的其他时段向电力用户收取不同的电费，因为电力零售商只知道本计费周期用电量的总数。通常情况下，监管流程中的固定负载曲线将用户计费周期消费分配到周期内的每一小时，从而估算计费周期内的电力批发成本。

若 w_h 是每月计费周期中每小时（h）的负荷，则计算公式为 $\sum_{h=1}^{H} w_h = 1$，其中 H 为计费周期内的总时长，用户每月用电量为 Q_M，每小时负荷用电量为 $Q_M w_h$。如果 p_h 是每小时批发价格，那么该月用户服务的负载批发成本计算公式为 $Q_M \sum_{h=1}^{H} w_h p_h$。请注意，若用户在一个月内减少 1kW·h 的用电需求，则负载曲线成本也会相应下降相同的数量，即 $\sum_{h=1}^{H} w_h p_h$。因此，在计费周期内，无论机械计量下的用户如何确定电力批发成本，只要当月每小时减少 1kW·h 的用电需求，用户的月度账单便会相应减少同样的金额。

这一现象对于电力零售行业的未来发展影响甚大。简述为"没有计量，何来定价"。在每小时批发价格和电力市场批发价格上限一致的情况下，用户每减少 1kW·h 的电力消费，用户和其零售商便会得到相同的经济收益，当批发价格与批发价格下限保持一致时，情况也是如此。例如，得克萨斯州电力可靠性委员会规定价格上限为每 MW · h 9000 美元，价格下限为每 MW · h 251 美元。因此在计费周期内的每个小时中，如果电力需求减少 1kW · h，那么每小时价格就会出现上限或下限，用户本周期的电力消费下降相同数量，这意味着该计费周期内，用户的电力账单也会出现相同变化。

使用机械仪表或间隔电表按月对固定小时负载计费，相较于其他计费时期，用户在电力批发价格较高的时候降低用电量的经济意愿较低。因此，在情况可行的情况下，那些面对更高的月负载加权平均价格的用户（$\sum_{h=1}^{H} w_h p_h$）将倾向于减少计费周期内的小时用电量，而不是在情况有利于维持系统可靠性时，降低电力零售商的电力批发成本或降低批发价格。机械仪表或间隔电表按月对固定小时负载计费，使消费者无法从零售价格（随批发价格的变化而变化）或者从灵活负荷技术的投资中获取任何经济利益。

间隔电表通过记录用户每小时甚至更短间隔的电力消费量，克服了机械仪表按月或者双月读表的缺陷。从仪表中收集消费数据，并将数据传输给电力零售商的方式多种多样，最常见的方法就是通过有线或无线连接到零售商的后台。将整个计费周期内的所有小时用电量收集起来，可以使用户按小时电价对本计费周期内每个小时的实际用电量进行交费。如果 Q_h 是用户每小时用电量，那么用户每月电力批发成本计算公式为 $\sum_{h=1}^{H} p_h Q_h$。这意味着每小时减少 1kW · h 的用电量，月成本降低 p_h。因此间隔电表可以使用户和零售商能够认识到用户在高价时段降低消费并将部分或全部消费转移到低价时段所带来的经济效益。对于拥有分布式能源的用户而言，间隔电表可以记录计费周期每小时配电网的电力净投入和净回笼。

这使得零售商能够在计费周期内的每个小时支付（收取）不同的价格，用于从配电网实现投入（回笼）资金。这意味着在高价时段投入更多能源将收获更高的投入平均价格。使用机械仪表或间隔电表按每月固定负载进行缴费的电力用户，无法从计费周期内的小时价格差异中获取利益。

相反，间隔电表可以使用户和电力零售商从灵活负荷技术和分布式储存技术的投资中获益。用户可以在低价时段购入和储存电力，在高价时段出售电力，出售价格乘以数量减去买入价格乘以数量即等于储电投资收入。如果无法测量每小时或更短时间内投入或者回笼的净电能，那么就无法计算储存设施或灵活负荷技术的收入。

间隔计量是一项使能技术，使那些可以产生收益流的配电网络定价和零售定价机制，以最低成本部署新技术，影响电力零售业发展。相比之下，每月查表的机械仪表大大限制了配电网络定价和零售定价机制产生收入的能力，从而影响了新技术的使用效率。实际上，正如前文所述，现有的配电网络定价和零售定价法是在垂直一体化的垄断体制下开发出来的，这一体制采用机械仪表和月度查表，但却导致分布式太阳能发电容量和电网太阳能发电容量配置效率低下。

2.2 成本下降：传感、储存和太阳能

在过去的二十年间，全球智能互联设备市场发展迅猛。间隔电表、直接负控装置、可编程恒温器和其他智能家居设备等创新性成果使得全球电力用户改变了其电力消费习惯，实现远程监控，大幅度减少了对价格信号和其他设施做出响应所需付出的努力。公用事业和电网运营商也正在利用智能设备的创新成果，将其纳入配电网络，以降低监控成本，实现网络监控自动化。电力零售的未来发展很大程度上取决于电网内新技术的使用。

图 2-1 表明，在过去十年间，使用智能技术的成本大幅度下降。例如，2004—2018 年，智能传感器的成本下降约 66%。这些传感器以及其包含的设备，为用户和公用事业单位提供详细的配电和消费实时数据。根据内部商业智能（微软 Dynamics 365，2018 年）的数据表明，预计 2018—2020 年间成本将再下降 14%。

智能传感器成本不断下降，意味着运用先进监控设备更加具有经济性，为配电网络自动化提供了有力支持。智能传感器的使用为设备之间的互联互通提供便利，协同工作以防止、诊断和隔绝配电网络中出现的故障。复杂的算法以及实时数据与智能继电器、自动馈线开关和电压调节器等设备相互串联，使得电网运营商可以在保证工作人员安全和用户服务可靠性的同时，大幅度降低运行和维护成本（NEMA，2015；美国能源部，2016b），第 3 章中将详细探讨配电自动化和网络监控的话题。

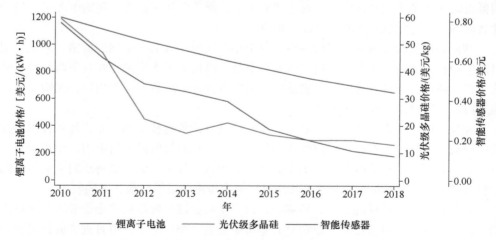

图 2-1　成本下降：传感、储存和太阳能光伏技术

锂离子电池价格和光伏级多晶硅价格为彭博新能源财经提供，两者均可在彭博客户端（Bloomberg New Energy Finance，2020h，g）进行检索查证；智能传感器价格数据最初来自内部商业智能（Business Insider Intelligence），由微软 Dynamics 365（偶数年发布）于 2018 年公布于众⊖

⊖　由于电池和多晶硅价格的历史数据有限，故本图只展示 2010—2018 年间的发展趋势。

在 20 世纪 80 年代后期，建设智能计量基础设施的成本极高，阻碍了动态定价等需求侧管理项目的广泛开展（美国能源部，2016a）。过去几十年间，与智能计量相关的硬件和信息技术成本下降。根据电力研究所（Electric Power Research Institute，EPRI）的数据表明，2006 年平均硬件成本为 76 美元 /m，在过去的十年间下降了 20%（EPRI，2007）。尽管如此，全球各地单位安装成本（包括硬件成本）仍各不相同。例如，2012 年，美国的安装成本普遍超过 100 美元，而中国每单位低于 50 美元，韩国则低至 18 美元。最近，一些供应商在 2018 年对印度的报价甚至低于 40 美元 /m（ Singh 和 Upadhyay，2018；Rowland-Rees，2018 ）。

与电网相连的发电和储能设备成本已经有所下降。例如，从图 2-1 中可以看出在 2010—2018 年间，用于家用储能和电动汽车储能的锂离子电池和光伏级多晶硅的价格分别下降了 85% 和 78%（彭博能源财经 2020g，h）。光伏级多晶硅（红线），即用于生产太阳能光伏锭的高纯硅，在 2011—2012 年间经历了有史以来价格的最大跌幅，单年下降 52%。虽然在过去的十年间，多晶硅的价格净下降幅度很大，但是 2014—2017 年间多晶硅价格却出现了小幅度上涨。锂离子电磁价格（蓝线）在过去的十年间，下降速度更加稳定且缓慢。

在过去的十年间，单晶硅和单晶或多晶太阳能组件价格相应地经历了大幅度下跌（彭博能源财经 2020a，b，c，d，e，f）。图 2-2 根据彭博能源财经的原始数据，表明了 2012—2019 年太阳能晶片、电池和组件的价格发展趋势。太阳能晶片是用于构建太阳电池的单晶或多晶光伏材料薄片。由于电子移动的自由度较小，因而多晶硅晶片是通过将许多小硅片组合起来制成的，其效率较低（EnergySage，2019）。可能因其效率较低，故多晶组件（实线）一直以来价格都低于单晶组件（虚线）。 图 2-2 还表

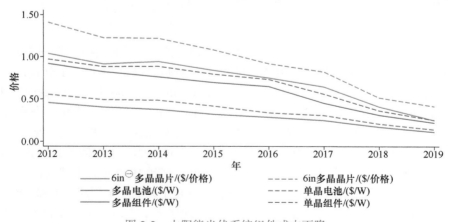

图 2-2　太阳能光伏系统组件成本下降

本图根据由彭博能源财经所提供的价格绘制，价格来源为彭博客户端（Bloomberg New Energy Finance，2020a，b，e，d，e，f），具体详情见附录 B.2

⊖　1in=2.54cm。

明，特别是在过去的五年间，单晶和多晶组件价格差距正在逐步缩小。图 2-3 表明，随着价格差距的不断缩小，以美国超 160 万个分布式光伏系统为例，单晶占据的市场份额已经超过多晶（Barbose 和 Darghouth，2019）。正如人们所料，单晶系统的使用导致光伏系统中的中位效率大幅度提升[⊝]。

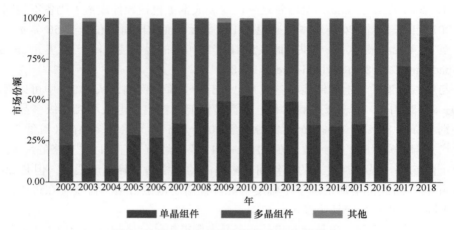

图 2-3　分布式太阳能光伏技术的市场构成

本图根据劳伦斯伯克利国家实验室的数据生成（Barbose 和 Darghouth，2019），这些数据涵盖了美国所安装的超过 160 万个分布式光伏系统。虽然并不是全部的光伏系统，但大多数光伏系统均已经包含在内

2.3　分布式太阳能：电网发电的有力竞争者

分布式太阳能已成为全球可再生能源发电市场的主要构成部分。见图 2-2，设备成本下降以及地方、州和联邦政府所提供的财政激励措施极大地提高了分布式太阳能相较于电网供电的成本竞争力。根据国际能源署（International Energy Agency，IEA）2019 年的可再生能源分析和 2024 年预测（以下简称可再生能源，2019），分布式太阳能装机容量占 2018 年全球太阳能光伏总装机容量的 40% 以上（IEA，2019c）。

图 2-4（摘自《可再生能源，2019》）表明，在过去的二十年间，大部分情况下，分布式发电机组占太阳能发电的大部分。实际上，直到 1999 年，全球太阳能大部分发电量由小型离网装置所产生（IEA，2019c）。在接下来的二十年间，大部分时间内，分布式太阳能系统仍是太阳能装置的主要形式。2016 年，全球公用事业装机容量首次超过了分布式装机容量。

⊝　Barbose 和 Darghouth，2019 中所提及的案例包括美国绝大多数的分布式光伏发电（2018 年，81% 的家用光伏发电系统和非住宅光伏发电系统）。公用事业装机（LBNL 定义，不超过 5MW）并不包含在内。

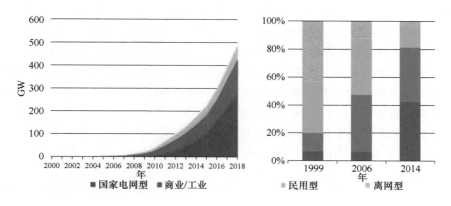

图 2-4　根据应用途径划分的太阳能光伏累计发电量

来源为 IEA《可再生能源，2019》

　　在过去的二十年间，中国巩固了其作为太阳能组件生产的全球领导者地位。中国是世界上最大的多晶硅生产国，2018 年产量为 388000t（Research 和 Markets，2019）[⊖]，然而，太阳能发电板产业的迅猛发展促使原材料的进口越来越多。实际上，2007—2019 年，中国的多晶硅进口从 9000 多 t 增长到了超 144000t（Bloomberg，2020）。如图 2-5 所示，多晶硅需求量不断增加与其价格大幅度下降紧密相关。除了多晶硅成本下降之外，中国政府提供的大量补贴、税收减免和贷款政策也激励了生产商投身于此领域（Ball，2013）。产业蓬勃发展，使得光伏电池的价格大幅度下降，尤其是 2011

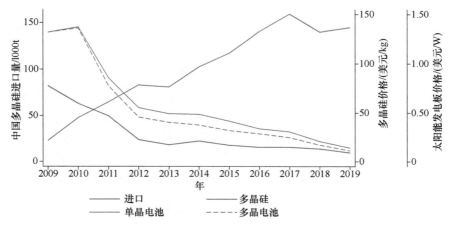

图 2-5　中国多晶硅进口

　　红线代表中国进口的多晶硅总量（t），数据来源为彭博社（2020）；多晶硅价格（蓝线）和光伏电池价格（绿线），数据来源为彭博能源财经（2020b，e，g）

⊖　中国之前的总产量仅为 210000t（Research 和 Markets，2019）。

年和 2012 年，太阳能发电板供过于求，导致其价格暴跌（IEA，2019c）。尽管如此，在这十年间，中国多晶硅的进口量持续增长，在 2017 年达到顶峰，2018 年开始下降。

虽然各国之间的硬件成本（例如发电板、变频器和组装设备）保持相对一致，但是平衡系统成本差异显著，在美国、日本和英国等劳动力成本较高的国家或地区所占份额极大。光伏组件价格下降使得 2010—2018 年间分布式太阳能安装成本相应大幅度下降。图 2-6 展示了全球几个主要分布式太阳能市场所在国家的安装成本明细（IRENA，2020）。鉴于太阳能发电容量建设的规模经济以及在太阳能资源丰富地区（而非用户屋顶）安装输电型太阳能系统的能力，典型屋顶太阳能发电系统的平准化电力成本（Levelized Cost of Energy，LCOE）明显大于电网太阳能发电设施的平准化电力成本。因此，相对于屋顶太阳能发电容量，电网太阳能发电机组在实现可再生能源目标上的成本更低。

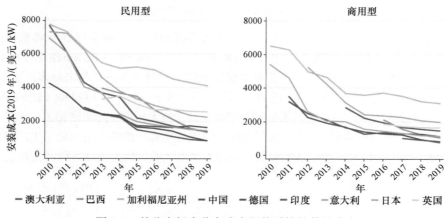

图 2-6　某些市场中分布式太阳能系统的装机成本

数据均来自 2020 年国际新能源机构（IRENA）

从图 2-6 可以明显看出，通常情况下，家用安装成本仍然高于大型商业和工业项目的安装成本，特别是在美国和英国等发达国家中，成本差约为 1000 美元/（kW·h）。从图 2-6 中也可以清晰看出，投资成本下降最快的时期为过去十年间的前五年。这一趋势与图 2-1 中所表明的 2011—2013 年间光伏级多晶硅价格的大幅度下降相一致。

根据 IEA 数据表明，分布式太阳能的 LCOE 在 2010—2018[⊖] 年期间大幅度下降。

　㊀　多年以来，LCOE 一直是比较发电机组发电成本的常用方法。

发电机组中的 LCOE$=\dfrac{\sum_{t=0}^{T}\dfrac{C_t}{(1+r)^t}}{\sum_{t=1}^{T}\dfrac{E_t}{(1+r)^t}}$，$C_t$ 为发电机组的每年净成本，$t=0，1，2，3，\cdots，T$；E_t 是每年

的发电量，$t=1，2，3，\cdots，T$；r 是折扣率；T 是发电机组运行的总年份。 如果 $r=0$，那么 LCOE 就只是发电项目运行周期内的平均能源成本。

大部分国家和地区中，包括东澳大利亚、巴西和加利福尼亚州，分布式太阳能平准化能源成本低于家用、商业和工业电力零售价格，使得这些地区分布式太阳能投资更受用户欢迎（IEA，2019c）。同样，德国和日本的分布式太阳能 LCOE 低于家用和商业电力零售价格，德国和日本仍然是世界上最大的公用事业太阳能安装商，分布式太阳能装机容量远远高于公用事业。正如图 2-7 所示，德国与日本在 2018 年，人均分布式太阳能和公用事业容量比例分别为 2.7 和 1.6（IEA，2019b）。

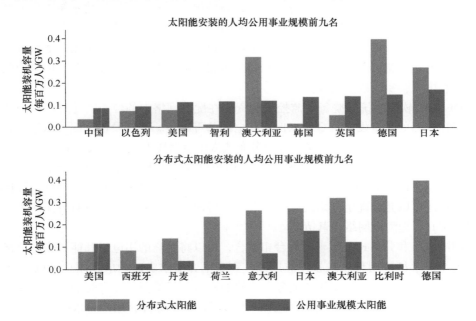

图 2-7　截至 2018 年分布式太阳能相对于公用事业太阳能的应用范围

　　该图展示了截至 2018 年，人均装机容量最多的十个国家中，人均分布式太阳能和公用事业太阳能发电量，绘制该图的数据来源为 IEA《可再生能源，2019》中所展示的装机容量数据，伊恩·哈德曼对此进行了修改（IEA，2019b），人口数据由联合国提供（2020）

　　分布式太阳能装置开发潜力巨大，IEA《可再生能源，2019》中预测，仅屋顶太阳能发电就可以产生超过 9000GW 的潜在容量（IEA，2019c）。同样，在 2016 年，美国国家可再生能源实验室预估美国可安装超过 1000GW 的屋顶太阳能发电设施，每年可产生超 1400TW·h 的电（Gagnon 等人，2016）。IEA 预测，在 2018—2024 年间，全球分布式太阳能容量将增长近 150%，达 530GW。IEA 对美国所作出的预测与美国能源信息署在《2020 年度能源展望》中的参考案例相同。两者都预测，到 2024 年，美国将产生约 25GW 的商业电力容量和约 30GW 的家用电力容量。

　　根据 IEA 的预测，截至 2014 年，中国将会拥有全球 40% 的分布式太阳能发电容量（目前为 24%）。尽管如此，中国的人均装机容量仍然低于许多欧洲国家、日本、以色列和美国。

2.4 低成本双向通信技术

电子监控和运行软件成本的下降促进了分布式太阳能管理系统的发展。智能手机技术和无线网络连接的快速普及极大地降低了向用户提供电力消费实时反馈的成本，也降低了电子设备通信的价格。

分布式太阳能管理系统是软件和监控设备的组合形式，可以优化系统内配电网络运行。分布式太阳能管理系统可以完成一些任务，如电压/无功优化、电能质量控制以及协调分布式太阳能运行，以保证配电网的可靠性。通过控制屋顶太阳能系统、电容器组、有载分接开关、电压调节器和用户负载上的智能变压器改变配电网络中的馈线功率和电压，实现以上功能。

DERMS 软件系统知晓每个监控下的资产在配电网络中的位置，并且可以向任何安装了控制器的设备发送指令，以保证配电网的可靠性。控制设备范围可以拓展到用户场所内的各个插座或电子设备，以及分布式太阳能变压器或分布式储能系统。

WiFi 控制插头非常便宜（约 5 美元），用户可以使用手机应用程序实现远程操控。这些插头也可以由 DERMS 发送信号进行控制，因此，除使用智能手机进行远程控制外，用户还可以允许配电网络运营商、电力零售商或第三方需求响应对智能插头进行访问，实时管理配电网络运营情况。

间隔电表和分布式公用事业后台相结合，可以将用户的用电量和能源实时价格快速传入智能手机应用程序或软件应用中，实现电力需求实时响应。用户可以对 WiFi 控制插头、分布式太阳能变压器或分布式储能机组进行编程，以实时响应动态零售价格或输配电网络发生的各种情况。正如 6.5 节所讨论的那样，用户可以购买软件操控设备，以实现舒适度和能源成本节约之间的平衡。

2.5 交通和供暖部门电气化

运输和供暖行业都有望成为电网集成技术的主要应用市场。为了减少温室气体的排放和对冲未来化石燃料价格上涨，机动车和供暖基础设施开始由传统化石燃料供应转向电力供应（Jones 等人，2018；Deason 等人，2018；EPRI，2015）。鉴于储能和分布式发电领域所出现的创新成果，运输和供暖设备电气化可以在停电和电价波动的情况下提供韧性，保证电网可靠性（Deason 等人，2018；Billimoria 等人，2018）。

2.5.1 运输电气化

交通运输部门的电气化取决于电动汽车的应用以及能源基础设施的部署。这很可能会产生温室气体和空气污染物，如 PM2.5 和臭氧。运输部门所耗费的能源占美国最终能源使用量的 40% 以上（EPRI，2018）。在欧盟，交通运输行业所耗费的能源占其总消耗的 31% 左右（Eurostat，2021）$^{\ominus}$。

在美国，联邦政府和部分州政府已经采取措施加速技术应用速度（Jones 等人，2018）。例如，加利福尼亚州的零排放汽车标准如下：2020 年在本州销售的汽车中，9.5% 必须满足零排放标准和空气污染物或温室气体排放要求。零排放标准将随着时间的推移越来越严格，截至 2025 年，汽车销量的 22% 需为零排放汽车$^{\ominus}$。除加利福尼亚州外，华盛顿和俄勒冈州已经通过立法手段敦促或要求公用事业单位向其各自的公用事业委员会提交电动汽车配套基础设施相关计划（Jones 等人，2018）$^{\ominus}$。此外，联邦和州税收减免、企业平均燃油效标准以及堵车收费政策的出台，都使得美国推广电动汽车的进程不断加速（Jones 等人，2018）。

图 2-8 显示了过去十年间美国电动汽车使用趋势。截至 2021 年 5 月，美国共安装公共充电站超 42000 个（插座 / 充电器超 102000 个）。图 2-8a 表明，截至 2019 年 11 月，50 个州和哥伦比亚特区的公共充电基础设施的年终统计数量，约 25% 的充电站和 48% 的电动汽车均位于加利福尼亚州（见图 2-8c）。然而，虽然加利福尼亚州的充电站数量是纽约（充电站数量第二）的近四倍，但就每月车辆行驶里程充电站数量而言，其排名只有第五（见图 2-8b），且加利福尼亚州的电动汽车与充电站数量比例最小（每 116 辆电动汽车仅有一个充电站）。实际上，加利福尼亚的公共电动汽车的插座 / 充电器（充电器与电动汽车比例约为 1：57），比世界水平低六倍多$^{\circledR}$。怀俄明州是美国人口最少的州，但每辆电动汽车所拥有的公共充电站却最多，就月交通量而言，哥伦比亚特区的公共充电站最多。

在全球范围内，许多政府正在出台政策鼓励使用电动汽车。清洁能源部长级会议（Clean Energy Ministerial，CEM），即由 28 个国家就推动清洁能源发展，出台相关政策所办的论坛，于 2009 年通过了电动汽车提案，帮助政府应对清洁能源挑战。2017 年，CEM 发起了 EV30@30 运动，目标为到 2020 年在 11 个成员中，电动汽车市场份额达到 30%。在本次运动中，有 39 个国家参与，执行电动汽车试点计划（IEA，2019a）。另一项提议由零排放联盟发起，在美国数州、加拿大和欧洲开展起来，努力实现 2050 年之后售卖的所有汽车均为电动汽车的目标。目前，电动汽车所占市场份额最高（10%）的国家是挪威，预计到 2025 年市面上在售汽车均为电动汽车（IEA，2019a）。

　　$\ominus$　在本书写作期间，英国运输业所占能源消费落后于欧盟。然而，除非另有说明，否则本书所提及的欧盟或欧洲统计数据均包含英国。

　　$\ominus$　见加州法规第 13 章。

　　$\ominus$　见加州参议院 350 号法案、华盛顿众议院 1853 号法规和俄勒冈州参议院 1547 号法案。

　　$\circledR$　充电站、充电器 / 插座之间存在差异，一些充电站可能配备了多个插座，与其相关的统计数据在本书中均相应地进行了区分。

a) 电动汽车充电站

b) 公共充电站
(每百万车辆月行驶里程)

c) 美国充电站和电动汽车登记数量

图 2-8 美国公共电动汽车充电站

　　a）提供了美国各州安装电动汽车充电站的原始数据，这些数据由美国能源部车辆技术办公室提供，该数字仅为截至 2019 年 11 月仍向公众开放的充电站数量；b）展示了美国各州电动汽车充电站数量与该州每月车辆行驶里程的比例，有关车辆行驶里程的数据来源为美国交通部；c）显示从 2011 年底至 2019 年 6 月，整个美国和加利福尼亚州充电站和电动汽车数量的增长情况，电动汽车注册数据来源为汽车制造商联盟，若想了解更多信息，请参见附录 B.4

　　尽管如此，电动汽车的需求与充电设施的供应之间仍存在较大差距。2018 年，全球范围内安装了近 54 万电动公共充电器（插座），其中一半位于中国（IEA，2019a）。但从图 2-9 可以看出，根据彭博能源财经的数据现实，2018 年中国仅仅占全球电动汽车用电量的 33% 左右。中国的充电站布置密度高的原因在于中国市场畅销的电动汽车的平均续航能力不及美国的一半（Hover 和 Sandalow，2019）。此外，IEA 报告称，充电站的同比安装速度正在放缓，全球充电器与电动汽车的比例从 0.14 下降到 0.11（IEA，2019a）。欧盟建议其成员国保证每十辆电动汽车至少配备一个充电站[⊖]。若欧盟内的比例持续下降，那么全球的比例会跌破标准线。

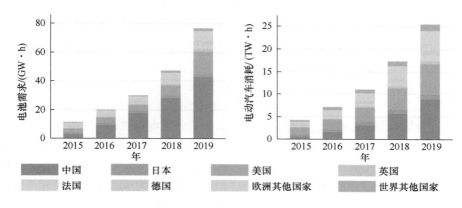

图 2-9　全球电动汽车市场发展趋势

　　该图显示了 2015—2019 年电动汽车市场发展趋势。左图为部分国家 / 地区锂离子电动汽车电池的年度需求，右图为部分国家 / 地区电动汽车的年耗电量。数据均来自彭博新能源财经，并可在彭博客户端进行检索。若想了解更多信息，请参见附录 B.2.2

　　基础设施配备不足一直是电动汽车消费者焦虑的主要原因（美国汽车协会，2020），为应对这一焦虑，公司投入巨资建设充电基础设施，促进电动汽车的使用。特斯拉在 2012 年推出 S 系列时便采取了这一方法（Jones 等人，2018）。Rivian 是美国电动汽车行业的新秀，在汽车尚未投入市场之前，便已经开始规划充电网络建设。由于其电动汽车的目标市场为户外休闲，因此其充电站大多计划安装在美国国家公园附近，以减轻那些喜爱偏远游玩人士的续航焦虑（Lanhee Lee，2020）。Rivian 计划在 600 个地点安装 3500 个快速充电器。

　　电动汽车的转型为需求侧灵活性和负荷管理带来了机遇（Jones 等人，2018）。通常情况下，汽车行驶时间仅为一天中的一小部分，其余时间可用来从事与运输无关的服务。电力在汽车和电网之间双向流动的能力，为公用事业公司进行全天负载管理提供了新契机（Briones 等人，2012）。这些被称作车辆 - 电网（Vehicle-to-Grid，V2G）

⊖　见指令 2014/94/EU。

的系统正处于萌芽时期，但由于全球电动汽车行业的迅猛发展，其发展潜力无限。电动汽车中的电池可为公用事业公司（需要储存太阳能光伏发电和风力涡轮机发电等间歇性可再生发电能源）提供"负载均衡接收服务"（Briones 等人，2012）。电动汽车的电能可以快速地应用到电网中去，从而降低了峰值发电厂的发电压力。目前，美国、中国、日本和丹麦等众多国家都开始了 V2G 项目试点（Just auto，2020）。美国、欧洲和中国的公用事业公司也开始针对电动汽车充电制定专门的创新方案，以更好地管理新能源对电力系统的冲击（Hover 和 Sandalow，2019；Hildermeier 等人，2019；Satchwell 等人，2019）。基于时间的零售费率使得用户可以在电力负载较低的时间段为其电动汽车充电，从而降低充电费用。与此同时，燃油汽车长期使用成本较高，此价格计划对用户而言极具吸引力（Hover 和 Sandalow，2019）。在过去的几年间，美国阿拉斯加州、夏威夷州、佐治亚州、得克萨斯州、加利福尼亚州和弗吉尼亚州（仅为部分地区）的公用事业公司已经出台了许多举措以适应关税的不断变化。例如，佐治亚电力向电动汽车车主提供自愿使用时间（Time-of-Use，TOU）电价，在晚上 11 点到早上 7 点之间存在一个"超级非高峰"用电期，在此期间的电价比非高峰时期低 78%，比尖峰价格低 93%。太平洋煤气电力公司针对电动汽车充电专门出台了两个 TOU 计划，如图 2-10 所示。图 2-10a 中所示为 A 计划，其中涵盖两个家用能源使用途径（如供暖、照明等）和电动汽车充电。由于仅使用一种定价方案，所以无法区分消耗来源。图 2-10b 为另一种定价方案（B 计划），其中对电动汽车充电设施与家用其他能源使用进行分开说明。在这种情况下，用户便可以使用太平洋煤气电力公司家用计划中的其他方案来支付家庭用电消费。多米尼克电力出台了两个试点项目，通过弗吉尼亚州试点项目，为家庭用户提供类似选择，单独计算电动汽车用电量（Dominion Electric，2019a，b）。

西班牙的公用事业公司为隔夜电动汽车充电提供约 81% 的折扣（Hildermeier 等人，2019）。中国国家电网公司（State Grid Corporation of China，SGCC）为中国两大国有公用事业公司之一，使用分时记电对电动汽车进行充电，非高峰时期价格比高峰期低约 60%（Hover 和 Sandalow，2019）。此外随着电动汽车需求的不断增加，将电动汽车充电负载转移到非高峰时段，可以避免不必要的发电基础设施支出（Hildermeier 等人，2019）。

2.5.2 供暖电气化

2015 年，美国的空间供暖和水暖占家用能源消耗的 62%（美国能源信息署，2015）。尽管 25% 的美国家庭仅使用电力作为能源来源，但是天然气仍然是全国空间供暖和水暖的大部分能源来源（美国能源信息署，2018）。2017 年，家用和企业供暖的碳排放量占美国碳排放总量的 10%（Billimoria 等人，2018）。到 2018 年，34% 的住

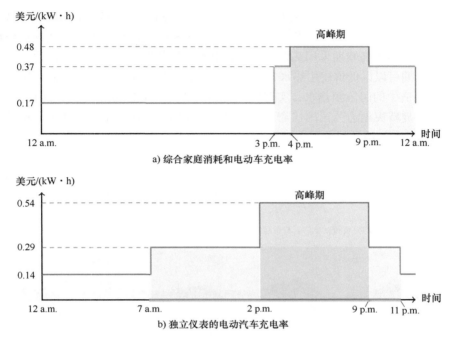

图 2-10 太平洋煤气电力公司电动汽车 TOU 充电率

以上图表为太平洋煤气电力公司在 2020 年提供的信息；a）太平洋煤气电力公司的电动汽车费率 A 计划（2020 年 1 月 1 日开始生效）；b）太平洋煤气电力公司的电动汽车费率 B 计划（2020 年 1 月 1 日开始生效），所展示的价格为两项计划中的夏季价格

宅和 26% 的商用建筑均使用点热泵或者电阻加热器进行供暖，大约 43% 的家庭使用电热水器（大部分为电阻加热）（EPRI，2018）。在温和的气候下，电热泵的能源使用效率是天然气锅炉的三倍。即使在严寒地区，电热泵的使用效率仍会提高 150%（EPRI，2018）。热泵的能耗比电阻加热器低 50%（美国能源部，2020）。在美国，大多数的热泵装置位于气候温和且电力成本较低的南部地区。尽管如此，严寒气候下的热泵技术已经得到了较大进步，如美国中西部各州（Deason 等人，2018）⊖。2005—2015 年间，中西部纯电动住宅的份额从 10% 上升到 15% 左右（美国能源信息署，2019）。在电热泵使用不便的区域，可使用电阻加热器实现供暖电气化（Deason 等人，2018）。

为了更好地预估美国供暖电气化的发展结果，许多试点项目和研究相应展开。大多数的研究发现，温和气候和新住宅下的供暖电气化具有经济性⊜。然而，到 2018 年，现有建筑中的供暖系统电气化并不具有经济性（Deason 等人，2018；Billimoria 等人，2015）。

⊖ 落基山研究所的研究表明，到 2018 年，在 5°F（1°F = 1.8℃ +32）下运行的热泵模型达到数百个，甚至有些可以在 −13°F 下工作（Billimoria 等人，2018）。

⊜ 劳伦斯伯克利国家实验室对此进行了深入研究，美国案例的文献综述研究了十个供暖电气化的案例（Deason 等人，2018）。

供暖部门电气化不仅可以减少碳排放，而且为电网灵活性和需求侧改革提供了众多选择（Deason 等人，2016；Billimoria 等人，2018）。通过供暖电气化实现负载转移的关键在于在预想高峰期采用热泵供电。在电价较低的情况下，用户提前预热水，从而在晚高峰期可以以低价使用热水，减轻电网供电压力。落基山研究所在图 2-11 中说明了在价格适中的时段预热水，实现负载转移的情况（Billimoria 等人，2018）。在本图中，来自夏威夷电力公司的住宅不同时段电力使用率表明，虽然其能源消耗增加了10%，但消费者的消费减少了 20%。

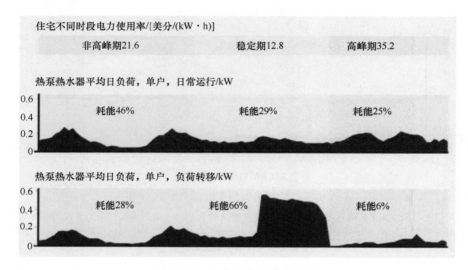

图 2-11　负载转移策略：预热

该图为公用事业公司通过预热实现负载转移的策略，图中的情景基于夏威夷电力公司的住宅使用时间率，材料来源为落基山研究所（2015）的《建筑电气化经济》中的图 23（Billimoria 等人，2018）

参考文献

Alejandro L, Blair C, Bloodgood L, Khan M, Lawless M, Maheen D, Schneider P, Tsuji K (2014) Global market for smart electricity meters: government policies driving strong growth. Tech. rep., U.S. International Trade Commission, office of Industries Working Paper No. ID-037

Alliance for Automotive Innovation (2021) Advanced technology vehicle sales dashboard. Data compiled by the Alliance of Automobile Manufacturers using information provided by IHS Markit (2011–2018) and Hedges & Co. (2019). Data last updated 20 Aug 2019. Retrieved 2 March 2020 from https://www.autosinnovate.org/resources/electric-vehicle-sales-dashboard

American Automobile Association (2020) Electric vehicle ownership: cost, attitudes and behaviors

Ball J (2013) China's solar-panel boom and bust. Insights by Stanford Business https://www.gsb. stanford.edu/insights/jeffrey-ball-chinas-solar-panel-boom-bust

Barbose G, Darghouth N (2019) Tracking the sun: pricing and design trends for distributed photo-voltaic systems in the United States, 2019th edn. Tech. rep, Lawrence Berkeley National Laboratory

Billimoria S, Guccione L, Henchen M, Louis-Prescott L (2018) The economics of electrifying buildings. Tech. rep, Rocky Mountain Institute

Bloomberg (2020) Chinese polysilicon imports total quantity (tons). CCCYTOTQ Index; retrieved from Bloomberg Terminal, Ticker

Bloomberg New Energy Finance (2020a) BloombergNEF mono 6" wafer $/piece. Ticker: SSPS6MOO Index; retrieved from Bloomberg Terminal

Bloomberg New Energy Finance (2020b) BloombergNEF mono cell $/watt. SSPSMUCO Index; retrieved from Bloomberg Terminal, Ticker

Bloomberg New Energy Finance (2020c) BloombergNEF mono module spot $/watt. SSPSCSSP Index; retrieved from Bloomberg Terminal, Ticker

Bloomberg New Energy Finance (2020d) BloombergNEF multi 6" wafer $/piece. Ticker: SSPS6MUO Index; retrieved from Bloomberg Terminal

Bloomberg New Energy Finance (2020e) BloombergNEF multi cell $/watt. SSPFMUCO Index; retrieved from Bloomberg Terminal, Ticker

Bloomberg New Energy Finance (2020f) BloombergNEF multi module spot $/watt. SSPSMCSP Index; retrieved from Bloomberg Terminal, Ticker

Bloomberg New Energy Finance (2020g) BloombergNEF pv grade polysilicon $/kg. SSPFPSNO Index; retrieved from Bloomberg Terminal, Ticker

Bloomberg New Energy Finance (2020h) Global lithium-ion battery price (usd/kwh). IBWWST Index; retrieved from Bloomberg Terminal, Ticker

Briones A, Francfort J, Heitmann P, Schey M, Schey S, Smart J (2012) Vehicle-to-grid (v2g) power flow regulations and building codes review by the AVTA. Tech. rep, Idaho National Laboratory

Deason J, Wei M, Leventis G, Smith S, Schwartz LC (2018) Electrification of buildings and industry in the United States: Drivers, barriers, prospects, and policy approaches. Tech. rep, Lawrence Berkeley National Laboratory

Doe US (2016a) Customer acceptance, retention, and response to time-based rates from the consumer behavior studies. Tech. rep, United States Department of Energy

Doe US (2016b) Distribution automation: results from the smart grid investment grant program. Tech. rep, United States Department of Energy

Dominion Electric (2019a) Schedule 1EV: residential service with electric vehicle charging. https://www.dominionenergy.com/virginia/rates-and-tariffs/residential-rates. Accessed 24 May 2021

Dominion Electric (2019b) Schedule EV: residential electric vehicle charging. https://www.dominionenergy.com/virginia/rates-and-tariffs/residential-rates. Accessed 24 May 2021

Dynamics Microsoft 365, (2018) 2019 manufacturing trends report. Tech. rep, Microsoft

Eia US (2020) Annual energy outlook 2020 with projections to 2050. Tech. rep, United States Energy Information Administration

EnergySage (2019) Monocrystalline and polycrystalline solar panels: what you need to know. https://www.energysage.com/solar/101/monocrystalline-vs-polycrystalline-solar-panels/. Accessed 24 May 2021

EPRI (2007) Advanced metering infrastructure (AMI). EPRI Publication

EPRI (2018) U.S. national electrification assessment. Tech. rep., Electric Power Research Institute

Eurostat (2021) Energy statistics: an overview. https://ec.europa.eu/eurostat/statistics-explained/index.php?title=Energy_statistics_-_an_overview#Final_energy_consumption

Gagnon P, Margolis R, Melius J, Phillips C, Elmore R (2016) Rooftop solar photovoltaic technical potential in the United States: A detailed assessment. Tech. rep, National Renewable Energy Laboratory

Hildermeier J, Kolokathis C, Rosenow J, Hogan M, Wiese C, Jahn A (2019) Smart EV charging: a global review of promising practices. World Electric Vehicle J

Hover A, Sandalow D (2019) Electric vehicle charging in China and the United States. Center on Global Energy Policy, SIPA, Columbia University, Tech. rep

IEA (2019) Global EV outlook 2019. Tech. rep, International Energy Agency

IEA (2019) IEA market report series: renewables 2019. Provided by IEA, Dataset

IEA (2019) Renewables 2019 analysis and forecast to 2024. Tech. rep, International Energy Agency

IRENA (2020) Renewable power generation costs in 2019 chart data. https://www.irena.org/publications/2020/Jun/Renewable-Power-Costs-in-2019. Accessed 27 Jan 2021

Jones PB, Levy J, Bosco J, Howat J, Alst JWV (2018) The future of transportation electrification: utility, industry and consumer perspectives. Tech. rep, Lawrence Berkeley National Laboratory

Just auto (2020) Connected vehicle technologies—forecasts to 2034 - 2020 q1 edition: Consumer. Tech. rep., just-auto

Lanhee Lee J (2020) Electric vehicle maker Rivian: expect prices lower than previously announced. Reuters

NEMA (2015) Distribution automation and the modernized grid. Tech. rep, National Electrical Manufacturers Association

PG&E (2020) Electric vehicle (EV) rate plans. https://www.pge.com/en_US/residential/rate-plans/rate-plan-options/electric-vehicle-base-plan/electric-vehicle-base-plan.page

Research and Markets (2019) Global and China polysilicon industry report 2019–2023. Research and Markets

Rivian (2021) Charging your Rivian: plug into electric adventure. https://stories.rivian.com/charging-your-rivian. Accessed 24 May 2021

Rowlands-Rees T (2018) Smart meters to become $21 billion global market in 2019. Bloomberg New Energy Finance

Satchwell AJ, Cappers PA, Barbaose GL (2019) Current developments in retail rate design: implications for solar and other distributed energy resources. Tech. rep, Lawrence Berkeley National Laboratory

Singh RK, Upadhyay A (2018) India to issue second tender for 5 mln smart meters this month. Bloomberg News Retrieved from Bloomberg Terminal

United Nations (2020) World population prospects 2019. https://population.un.org/wpp/Download/Standard/Population/. Accessed 11 Feb 2020

US DOE (2020) Heat pump systems. https://www.energy.gov/energysaver/heat-pump-systems. Accessed 4 June 2021

US DOT (2020) Travel monitoring: traffic volume trends. https://www.fhwa.dot.gov/policyinformation/travel_monitoring/tvt.cfm. Accessed 4 Feb 2020

US EIA (2018) Space heating and water heating account for nearly two thirds of U.S. home energy use. Today in Energy

US EIA (2019) One in four U.S. homes is all electric. Today in Energy

第3章 变革的监管阻碍

监管阻碍是决定技术运用速度的主要因素。导致新技术无法投入使用或使用成本过高。其中一个典型的例子就是间隔电表缺乏大规模安装使用，其他的变革阻碍则是由于监管服务价格经济性低，例如，输配电网络服务的平均成本定价和零售电力的年平均成本定价。本章将讨论变革中的阻碍因素以及如何克服。

3.1 间隔电表部署的阻碍因素

通常情况下，若其他用户均已使用间隔电表，那么任何选定的零售商或用户通过安装间隔电表所获取的利益将远远低于相同零售商或用户运用间隔电表所获取的利益。此外，配电网络管理者可以通过安装间隔电表，在其地理服务区域内实现规模经济和范围经济。每米安装成本的大幅度下降可以在给定的区域内增加安装数量（规模经济），较小的区域内也可以安装相同数量的间隔电表（密度经济）。

此外，还存在大额数据获取和软件开发成本，这些成本与仪表收集间隔数据以及设计、运行计费系统只需要根据每年 12 个月的月度数值对用户的用电量进行记录、验证和计费。间隔电表可以按小时对用户的用电量进行计费，计费系统现在必须根据一年中的 8760h 用电数值，对用户的用电量进行记录、验证和计费。如果只有少数用户备有间隔电表，则电力零售商不太可能会承担系统运行费用。

考虑到部署间隔电表所带来的经济规模和范围经济，在部署过程中还出台了明确的监管要求，以扩大间隔电表使用范围。许多管辖地区，例如英国、澳大利亚的维多利亚州以及美国得克萨斯州的电力可靠性委员会（Electricity Reliability Council of Texas，ERCOT），均采取了一次性措施，即由个人用户支付间隔电表成本。在这一情况下，部署的间隔电表的数量很少，从而使得监管规范得以实现。只有新西兰是在用户自愿的情况下，广泛部署了间隔电表。

安装间隔电表，从而减少或完全取代手动抄表器，可为配电企业带来好处。劳动力成本下降就是配电企业安装间隔电表带来的直接经济利益。停电检测的速度加快以及准确性的提升，也为配电企业带来了好处，因为如果电表未向后台发送用电量，则配电企业就会立刻得知停电。此外，非通信间隔电表的位置可以使配电企业更加精确地识别网络中断点。间隔电表还可以降低运行和维护成本，甚至还可以弥补非技术性损失，特别是在能源损耗较大的区域。由于实时消耗数据会立即发送至配电企业后台，所以几乎不会错过或失实报告用户仪表读数。

间隔电表为用户带来受益的主要来源是后台，可根据用户的每小时用电量进行计费，向竞争零售商和第三方服务商提供每小时用电数据，并将这些信息快速传播给用户和第三方，以应对实时电力需求，采取响应措施。在为用户提供受益的过程中，配电企业获取的经济利益很少（如果有的话）。这便是配电企业通过部署间隔电表所获得的个人收益及电力用户和零售商通过部署间隔电表所获得的社会利益之间差异的主要来源。

此外，在零售竞争中，让每个具有竞争力的电力零售商安装电表并开发后台基础设施以整合和快速传播间隔记录信息，而不是让分销公用事业公司为其区域内的零售商提供此项服务，这样成本会很高。这种单一来源之所以会带来成本优势，另一个原因就是所有广泛部署了间隔电表的地区都通过监管配电网络服务进行成本回收。即使在新西兰也存在电表服务商，他们都拥有电表仪器且每个零售商都与电表服务商签订合同，读取用户电表数据。

配电企业从部署间隔电表所获得的个人利益可能远低于用户和竞争零售商以较低的配电网络成本和无处不在的实时数据访问获取的社会利益（有助于制定动态定价计划）。相反，定价计划可以为分布式发电、储能和灵活负荷技术提供资金支持。监管流程要如何解释市场中的经济利益来源会阻碍间隔电表的广泛使用。配电企业的个人利益和用户、零售商的广泛经济利益之间存在差异，这便是需要为大范围安装间隔电表出台明确的监管要求的原因。

3.2　间隔数据获取和用户交互

用户和第三方获取间隔数据对于竞争性零售市场的发展至关重要。用户将每月或每小时的用电量提供给竞争电力零售商，并对定价计划询问报价，从而对这些数据进行比较。在安装了间隔电表的市场中，有些零售商只充当金融中介，利用用户的间隔数据和竞争零售商的关税产品，为用户寻求最佳关税方案。金融中介通过用户在当前关税下支付的能源费用和最佳关税下支付的能源费用的差值获取收益[⊖]。

许多美国公用事业公司参与了行业主导计划，通过单击公用事业网站上的"绿色按钮"，以用户友好和计算友好的方式向用户提供消费数据的访问权限。"绿色按钮"计划于 2012 年 1 月正式启动，目前已经有 50 多家公用事业公司和电力供应商参与其

⊖　ERCOT 市场运营的最佳关税就是案例之一。

中。该计划意味着超 6000 万家用和商业用户可以以标准化、机器可读模式安全访问其电力消费量。

在自动负载响应设备和储能技术中，用户和第三方快速访问数据极为必要，数据的供应方式也会影响用户反应。相对于其他方法而言，告知用户使用特定耗能设备的每小时成本（美元）可以大幅度减少电力需求，如 Kahn 和 Wolak（2013）对于加利福尼亚州电力零售商，以及 Stojanovski 等人（2020）对于墨西哥普埃布拉用户的研究。Wolak（2015）研究了向新加坡家庭提供每月电力消耗量的实时反馈所带来的影响。新加坡能源市场管理局（Energy Market Authority，EMA）实施了智能电力系统试点，通过家用能源监视器（In-Home Display，IHD）提供实时用电量。为评估家用能源监视器的实时反馈影响，将使用了 IHD 的每月用电量和未使用该设备的家庭相对比。Wolak（2015）发现，拥有 IHD 的家庭电力消费减少约 4%。对于样本中的家庭平均用电量而言，这一减少意味着每年减少约 180kW·h，相当于 50 新加坡币。这些研究表明，及时提供电力用户的用电量和用户每月不同时段中使用不同电力设备的花费，是用户和零售商实现互惠互利的双向互动方式。

在过去的十年间出现的一个问题就是如何安全使用间隔电表所收集的用户详细信息。虽然已经收集了大量数据，但是在多数情况下，为了避免侵犯用户的个人隐私，公用事业单位和第三方都高度谨慎，导致这些数据在很大程度上并未得到充分利用（Douris，2017）。本书对此进行了讨论并且在 6.1.2 节中提出建议。

间隔电表可以促进终端用户积极参与到电力批发市场中来。新技术的经济性和可靠性优势会影响电力零售部门运转，如果没有间隔电表，用户在计费周期内并未根据实际小时消耗进行计费，那么其优势就无法得到发挥。每小时消耗数据与如何确定每月账单和个人电器消耗量如何转化为每月电费的可行性信息相结合，可以帮助用户决定用电时间或决定是否安装自动设备或软件⊖。最后，定价计划使用户改变其电力消费的经济激励与市场从变化中获益的时间保持一致，从而降低了为用户服务成本。

3.3 低效的输电和配电网络定价

尽管在全行业范围内，用户购买电网电力的价格明显低得多，但是根据成本确定的平均零售价格，特别是那些按照 1 美元 /（kW·h）收取输配电网络沉没成本的零售价格，使得那些安装了屋顶太阳能发电系统的用户依然有利可图。这种零售定价方法也有利于提高对分布式太阳能系统中的 LCOE 投资，而不会降低传输型太阳能系统中的 LCOE。

⊖　6.5 节将描述产品的当前状态。

　　对于那些决定安装屋顶太阳能发电系统的用户，零售成本由平均成本所决定，使得其安装成了一项营利性活动，但是对于公用事业公司的用户，这并不是成本最低的方案。输配电网络的沉没成本以及公用事业管理项目中的能源效率和可再生能源部署成本并不会随着电力交付数量的变化而变化。按单位对大部分的固定沉没成本进行回收，用户便会非常强烈地想要安装屋顶太阳能发电系统，从而降低电力成本，并将沉没成本的大部分回收转移给那些未安装屋顶太阳能发电系统的用户。

　　按照传统的每 kW·h 的收费方式对输配电网的沉没成本进行回收会产生电网供应低效旁路。相对于输电型太阳能及储存投资，沉没成本回收有利于促进分布式太阳能及储存投资。

　　当用户自供电的总增量成本（即发电机组的建造成本加运行成本）低于电网供电（用电量相同时）的支付金额时，就会产生低效旁路。尽管这一行为为用户带来了个人利益，但却增加了用户服务总成本，包括会对社会产生负面影响的旁路系统。低效旁路系统的出现增加了固定服务成本，浪费了社会资源。换句话说，低效旁路会导致向用户提供电力的总成本增加。

　　举例说明，假设电力零售用户支付了基于成本所制定的平均电价 [20 美分 /（kW·h）]，这一价格实现了批发电力成本、输配电网络的沉没成本和运营成本以及电力零售成本回收。如果交付给用户的额外边际成本为 5 美分 /（kW·h），那么用于回收输配电网的沉没成本为 15 美分 /（kW·h）。假设安装和运行屋顶太阳能发电板的平均能源成本为 10 美分 /（kW·h），那么在这种情况下，用户以 10 美分 /（kW·h）的屋顶太阳能发电替代了 20 美分 /（kW·h）的电网供应发电，则这一行为就为用户带来了经济利益。但是这一行为并没有改变输配电网的沉没成本，因此用户的供电成本均已上升。

　　其他用户总计必须按照之前安装太阳能发电板所支付的 15 美分 /（kW·h）回收成本，实现输配电网络的沉没成本回收。再举个例子，假设用户在安装太阳能发电板前后消费了 1000kW·h 的电力，则用户的电费账单减少了 100 美元 = 0.10×1000kW·h，因为用户是按照 10 美分 /（kW·h）而不是 20 美分 /（kW·h）进行支付的。然而，150 美元 = 0.15×1000kW·h，用户之前为回收两个电网所支付的沉没成本，现在必须以更高的费用进行回收。

　　低效旁路的现实后果就是增加了其他用户的成本，有效旁路和低效旁路差异显著，有效旁路可以降低用户成本。如果屋顶太阳能发电板的平均电力成本低于 5 美分 /（kW·h）（电网供电的平均边际成本），那么在上述案例中就会出现有效旁路。用户服务总成本将下降，下降数额为 5 美分 /（kW·h）与屋顶太阳能发电板的平均能源成本之间的差值。

3.3.1 低效分流：以加利福尼亚州为例

加利福尼亚州屋顶太阳能发电系统安装成本快速下降，加利福尼亚州公共事业委员会（California Public Utilities Commission，CPUC）对电网供电的平均成本进行定价，极大地改善了屋顶太阳能的投资环境。以北加利福尼亚州为例，2019 年太平洋天然气和电力服务地区居民用户的电力平均零售价为 22 美分 /（kW·h）。以 3.5 美元 /W 的价格投资屋顶太阳能发电系统，其使用寿命为 25 年，假设折扣为 3%，那么平均电力成本约为 15 美分 /（kW·h）。以 22 美分 /（kW·h）的平均价格将屋顶太阳能系统的 15 美分 /（kW·h）替换为电网供电，为用户带来了经济利益。平均零售价格和屋顶太阳能电力系统的平均能源成本的组合适用于世界各地。

平均零售价格远高于加利福尼亚州用户每年消费的平均边际成本（结果同样适应于其他地区）。加利福尼亚 ISO 的数据表明，2019 年批发电力（能源和辅助服务）的年平均小时成本为 4.1 美分 /（kW·h）（加利福尼亚 ISO，2020）。将电力从发电机组传输至最终用户的成本发生改变，其原因在于注入电网点和用户用电点之间存在电力损耗。这些损耗约占美国每年发电量的 5%~6%。因此，2019 年加利福尼亚州电网供电的年平均每小时边际成本不太可能超过 5 美分 /（kW·h）⊖。

因此，居民用户从电网中获取的平均边际成本 /（kW·h）不到 5 美分，但是为了回收输配电网络的沉没成本和监管成本（能源效率计划、可再生能源资产标准和储存要求），向用户收取的平均价格为 22 美分。按 3.5 美元 /W 对屋顶太阳能发电系统进行投资，对于家用用户而言避免了 22 美分 /（kW·h）的电网供电平均价格，让其有利可得。但是这一措施显然并未推广至全系统，因为输配电网的沉没成本和固定成本监管要求并未改变。这些成本必须在用电量较少的时候得以回收。所以，所有用户的电力总成本都已经增加，包括那些安装了屋顶太阳能系统并获取利益的用户。

3.3.2 太阳能分布式发电与电网的低效投资

鉴于太阳能发电容量建设的规模经济以及在太阳能资源丰富地区（而非用户屋顶）安装输电型太阳能系统的能力，典型屋顶太阳能发电系统的 LCOE 明显大于电网太阳能发电设施。因此，相对于屋顶太阳能发电容量，电网太阳能发电机组在实现可再生能源目标上的成本更低。

然而，上述有关按照美元 /（kW·h）的标准对输配电网络沉没成本进行收费的讨论，使用户意识到相较于电网系统，屋顶太阳能发电系统更加有利可图。为了防止

⊖ 例如，如果配电网连接点的每小时电力批发价格为 4 美分 /（kW·h），一小时内该连接点与用户用电量之间的边际损失为 10%，那么电网向用户供电的边际成本为每小时 4.4 美分 /（kW·h）= 4 美分 /（kW·h）×1.1。

传统能源和可再生能源供应的电网发电产生低效旁路，零售价格必须接近电网供电的每小时边际成本。

若是继续按 3.5 美元 /W（当前加利福尼亚州平均成本 /W）的零售定价（以平均成本为基础）安装屋顶太阳能发电系统，长期影响是什么呢⊖？随着分布式太阳能发电系统安装增加，电网供电的用电量不断下降。这意味着必须提高 17 美分 /（kW·h）（输配电网的沉没成本）的收费标准，因为这些成本现在必须从少量的电网供电量中回收⊖。

根据加利福尼亚州能源委员会（California Energy Commission，CEC）的数据显示，目前加利福尼亚州存在超 9000MW 的配电网连接的住宅和商用太阳能系统。 在过去十年间，配电网连接下的太阳能光伏发电容量的年均增长率约为 32%，但近年来有所放缓。图 3-1 对此进行了说明，并展示了截至 2021 年 4 月 30 日的累计容量。

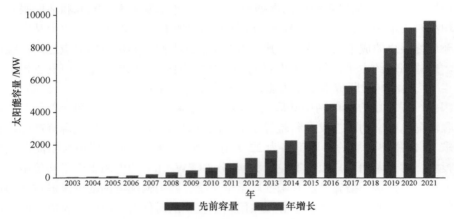

图 3-1　2003 年至 2021 年 4 月 30 日加利福尼亚州分布式太阳能容量

本图中所用数据来自加利福尼亚州太阳能计划中的加利福尼亚州分布式发电统计表

太阳能发电量的快速增长意味着输配电网络和公用事业项目的固定成本必须通过较少的电网供电量进行回收，提高价格 [美元 /（kW·h）] 回收输配电网络以及其他固定成本的沉没成本。但这无法保证基于成本所制定的平均价格 [美元 /（kW·h）] 可以一直提高回收成本。

如果无法针对输配电网络平均成本定价制定激励措施，那么越来越多的电网供电便会出现低效旁路，输配电公用事业单位回收其沉没成本的可能性也会大大降低。如果分布式太阳能资源所服务的系统负载份额够大，那么公用事业公司可能就需要停止安装新的分布式太阳能发电系统或者限制用户场所的系统安装规模，以便于其产生的

⊖　此价格不包括州财政支持或 30% 的联邦税收减免。

⊖　22 美分 /（kW·h）的平均零售价格与 5 美分 /（kW·h）的电网电力的平均边际成本之差为 17 美分 /（kW·h）。

电力少于用户用电量。夏威夷电力公司不得不采取了此项措施。目前，所有新的分布式太阳能系统都需要调整规模，停止向公用事业网络提供反馈。夏威夷电力公司的反应措施说明了在分布式太阳能资源部署潜力巨大的区域，对新技术采取反应性方法存在着巨大缺陷。

3.4　配电网络规划的监管改革

分布式发电和储能规模日益增加，这意味着配电网中的监控和控制设备以及负责数据处理和通信的后台软件的需求也有所增长。对分布式储能进行投资，减少了配电网升级需求，但也需要电网监控设备和配电公用事业后台，以及公用事业后台和分布式储能资源之间建立通信联系。这些通信联系可以使配电设施利用分布式发电资源分布式储能设备以及其他灵活负荷技术，协调配电网络的运行。准确说来，这一协调如何实现，取决于配电网的规划、定价和市场参与者的准入条件。为实现该目标，必须对当前的配电网规划、准入和定价实施改革。

适配当前配电网运行模式的方法就是允许配电网运营商在整个网络中安装监控设备，并利用所收集的信息提升配电网的规划和运营水平。配电运营商能够为分布式发电能源、分布式储能设备以及灵活负荷技术拥有者提供监管机构批准的资金，对其进行补偿，以限制配电网络未来升级需求。配电网络运营商还可以推动储能和其他灵活负荷技术的投资，以避免配电网络升级的高昂投资。

配电网络运营商的简约模式，即制定监管下的配电网络服务，允许第三方按照监管价格访问服务，从而使配电网络服务商可以回收成本。例如，可以在配电网络中安装监控设备（与配电企业后台建立了通信联系），作为一项监管性投资，所有的零售商都可以访问收集的数据。急需建立一种机制，以协调不同零售商控制分布式发电和储存机组（零售商有权访问或已经拥有）的行为。

配电系统运营商（Distribution System Operator，DSO）模型与电力批发市场的输电系统运营商（Transmission System Operator，TSO）相类似，可用作配电系统运行的管理机制。这需要为不同地点配电网络的电力注入和回笼设定价格，以协调各种配电网络连接下的发电和储存资源运行。其优势在于可利用价格信号和市场确定配电网络资源的所处位置以及运行方式。其缺点在于需要建立完备的市场基础设施（类似于当前电力批发市场）。

为输送至各地的能源设定价格（每小时），配电网络服务可为配电网规划提供经济信号（类似于区位边际价格在输电网络规划中所起的作用）。这些价格也可用来评估配电网络升级后的无线替代品所带来的避免成本，以确定成本最低的时刻。9.4 节将对其未来研究进行重点讨论。

3.5　配电网服务定价前景

在太阳能资源丰富的地区，配电网络定价极有可能为电力零售创造全新的发展范式。以夏威夷为例，分布式太阳能发电机组可用的太阳能质量与电网所用的太阳能质量无显著差异[⊖]。在人口较多的岛屿，可用作发展电网太阳能发电的土地较为稀缺，因此在美国的许多地区，太阳能建设难以成为规模化经济。

发展配电网接入的动态定价机制可以显著提升分布式太阳能资源和储存基础设施的部署效率。这些价格可为资源分布以及使用提供经济信号。为了发挥其作用，用户需要利用间隔电表以高时间粒度记录配电网的电力注入和回笼。

3.6　清除新技术应用阻碍

本章末尾，强调间隔电表和动态定价在分布式发电、储能和其他灵活负荷技术按照成本最低中所起的作用至关重要。即使是高速车辆充电和电力供暖投资带来的经济效益，也可以通过使用间隔电表和按照实际小时用电量收费进行提高。如果无法按照时空粒度向用户用电量收取费用，那么就无法利用技术投资全方位获取经济利益。

分布式发电和储能技术可以同时提供能源储备和运行储备，但若不知道能源价格和运行储备信息，那么就无法衡量技术所带来的经济效益。如果没有价格信号，那么投资必须被视为利率监管资产或经济利益的一小部分进行融资。例如，当电网供应电能不可用时，分布式太阳能发电和储能设施的组合投资便可以为用户提供能源，且具有一定的价值。该价值与其他州和联邦政府的扶植计划相结合，便可激励用户对此投资。在用户家中安装间隔电表，设施拥有者按照该地能源和运营储备价格进行收费，可从该项投资中获取更大的经济价值。只有用户拥有间隔电表并按照电网实时注入和回笼成本进行缴费，经济效益才能得到衡量和评估。

那些承认时空粒度的能源定价的前瞻性监管政策，可以提高现有电网的使用效率，降低规划、建设和运营未来电网的成本。未来要求广泛部署间隔电表，并为其安装、数据收集方式以及向用户和第三方提供数据的方式制定标准。这些电表必须严格遵循监管需求，即所有的零售商根据用户每小时实际耗电量所提供的服务支付成本，而不是根据计费周期内每小时负载曲线耗电量。这些监管规则将减少。在 DDR、DERMS 和负载灵活性方面的投资障碍。

采取反应性方法安装间隔电网，未就间隔数据收集和传播设定标准，将会使 DER 安装经济性更低，从而将回收输配电网络成本的负担转移到那些未安装 DER 的用户

　⊖　夏威夷由岛屿构成，安装大型电网规模的太阳能设施的可行性和需求有限。

身上。 然而，如果某一地区的太阳能资源有限，无法进行大规模可再生能源投资，那么反应式方法所带来的不利影响就会小得多。

　　本反应式方法也可能会导致补贴较少时，储存投资较少，动态定价或其他负载灵活性项目很少出现的现象产生。监管机构需要根据不同案例情况应对技术的使用，很有可能阻碍实现现存电网的最佳利用或者开发最高效的未来电网。其好处在于有需求才会进行投资，不利的一面是，DER、DERMS 和灵活性需求中的许多投资都无法正常进行，因为现存电表无法为商业案例的动态定价提供资金支持。

　　由于前瞻性和反应性方法下的未来是否能够产生收益取决于本地区的原生条件和政策支持，因此各地的电力零售业发展不可能千篇一律。所以，本书接下来的部分将着力于阐明哪些原生条件和政策支持可以推动未来发展。

参考文献

California ISO (2020) 2019 annual report on market issues and performance. Tech. rep, California ISO Department of Market Monitoring

Douris C (2017) Balancing smart grid data and consumer privacy. Tech. rep, Lexington Institute

Kahn ME, Wolak F (2013) Using information to improve the effectiveness of nonlinear pricing: evidence from a field experiment. http://web.stanford.edu/group/fwolak/cgi-bin/?q=node/3. Accessed 24 May 2021

Stojanovski O, Leslie GW, Wolak FA, Wong JEH, Thurber MC (2020) Increasing the energy cognizance of electricity consumers in Mexico: Results from a field experiment. J Environ Econ Manage 102323

Wolak FA (2015) Do customers respond to real-time usage feedback? Evidence from Singapore, http://web.stanford.edu/group/fwolak/cgi-bin/?q=node/3. Accessed 24 May 2021

第4章 电力零售市场现状

4.1 美国电力零售市场

过去三十年间，美国电力部门进行了重组，建立了批发市场和零售竞争。一些州在没有正规批发市场的情况下，优先开展了零售竞争。目前已有二十个州和哥伦比亚特区已颁布立法，全面或部分重组其零售电力市场（美国能源信息署，2020；Quilici等人，2019）。图4-1展示了区域零售市场结构调整的现状。新英格兰州和东海岸其他地区都颁布了允许零售竞争的相关法律。除佐治亚州外，所有有零售交易的东部州都在 PJM、新英格兰或纽约批发市场内进行。

市场结构
■ 重组电力批发市场　　传统电力批发市场

图 4-1　2018 年美国零售电力市场结构图

该数据说明了美国重组后的零售电力市场的运行情况，该数据是根据电子工业协会年度电力行业报告（美国能源信息署，2020）的原始数据，基于（Quilici 等人，2019）其中的信息得出的

各州对其零售市场的重组程度差别很大。例如，佐治亚州对零售交易的准入条件最为严格，只有负荷超过 900kW 的商业或工业用户才可以选择他们的电能供应商。在新英格兰地区，所有重组后的州都为投资者拥有的电力公司的所有用户引入了零售竞争（Quilici 等人，2019）。这一进程始于 20 世纪 90 年代末。得克萨斯州是西部唯一一个开展了零售交易的地区，2002 年重组了电力批发市场和电力零售市场。

在图 4-2～图 4-4 中，比较了不同类型电力服务的发展趋势。一体化电力公司为终端用户提供能源和交付服务，这些是在传统零售电力市场上运营的电力公司类型。仅交付服务是电力公司只为用户提供计费和相关电能输送服务，而电能由另一家公司供应。同样地，仅提供电能服务是电力公司只提供电力，而另一家电力公司提供交付服务，包括计费、行政支持和线路维护（美国能源信息署，2017）。这些图表中展示的最后一个类别是重组零售服务。这指的是仅输送和提供电能的电力公司所提供的综合服务。因此，重组零售服务的平均零售收入（Average Retail Revenues，ARR）是通过仅限交付的 ARR 和仅供电能使用的 ARR 的总和来计算的。附录 B.1.5 将更详细地讨论图标内容。

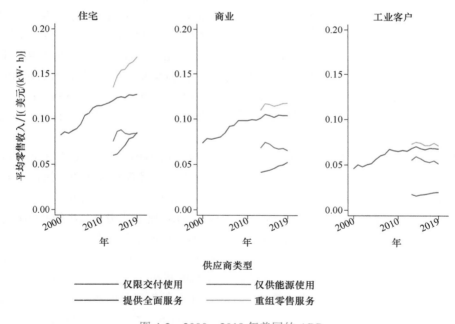

图 4-2　2000—2019 年美国的 ARR

这些数据显示了美国电力供应商在住宅、商业和工业用户行业的 ARR，这些数据来自（美国能源信息署，2020），重组零售服务的平均零售收入是仅交付和仅供电能使用平均零售收入的总和

在过去的二十年中，电力公司的 ARR 一直在上升，这是通过总收入（美元）除

以总电能销售量（kW·h）来计算的。可以使用 ARR 来推断一年内零售电价的平均支付价格，同时考虑到零售电价可能在一年内有所波动，或者在非线性定价的情况下，零售电价可能随着用户的用电量波动。图 4-2 展示了传统一体化电力公司以及在重组零售市场运营的电力公司的 ARR 水平。虽然得克萨斯州的零售市场已经重组，但电力公司报告的收入和销售是捆绑供应商。因此，他们的收入和销售额被纳入全服务的平均零售收入，而不是重组后的零售服务，后者是仅交付和仅能源平均零售收入的总和⊖。在图 4-2 和图 4-3 中，重组后的零售服务是仅交付和仅能源平均零售收入的总和。

在过去的二十年里，所有服务类型的电价都在上涨。然而，由于前几年的数据限制，这里只显示了 2013—2019 年重组服务的电价趋势。近年来，仅提供电能服务的平均零售收入有所下降，但仍高于 2000 年的水平。住宅部门是唯一一个仅提供服务超过仅提供电能的供应商部门。此外，图 4-2 显示，与住宅和商业部门相比，工业 ARR 的分布在历史上要少得多。

图 4-3 显示了与图 4-2 相同的住宅和商业 ARR 数据，以及分布式和电力公司规模太阳能 LCOE 的总体价格趋势。到 2017 年，住宅分布式太阳能的 LCOE 与重组零售电能服务的 ARR 基本持平。对于商业分布式设施，其 LCOE 低于重组零售电能服务的 ARR，但仍略高于一体化电能供应商的 ARR。图 4-3 中显示的 LCOE 适用于气候一般且无投资税收抵免（Investment Tax Credit，ITC）或州 / 地方激励措施的地区（美国能源信息署，2017）。美国能源部 2020 年的目标是住宅和商业配电网连接太阳能的 LCOE 分别达到 0.10 美元 /（kW·h）和 0.08 美元 /（kW·h）。电力公司的传输网络连接太阳能已经达到了能源部 2020 年的目标，即在 2017 年达到 0.06 美元 /（kW·h）。

图 4-4 和图 4-5 说明了 2019 年不同类型电力公司平均零售收入各州间的差异。图 4-4a 说明了在允许住宅用户参与零售竞争的州中，交付费和电费费之间存在差异。在存在这种竞争的 16 个州中，只有加利福尼亚、康涅狄格、纽约和俄亥俄州输送服务的 ARR 高于电能服务。在智能输送服务的住宅 ARR 比电能服务高出约 0.001 美元 /（kW·h）。从图中可以明显看出，加利福尼亚州的运输费用平均比该州的能源费用高 0.06 美元 /（kW·h）。这在很大程度上是由于加利福尼亚州在能源效率、可再生能源和储存投资方面有许多监管要求成本。图 4-4b 提供了全国一体化电力公司的住宅 ARR 变化，以及交付和电费的总和。在参与住宅零售竞争的所有州中，重组服务的 ARR（即交付和电能 ARR 之和）高于一体化的 ARR。然而，需要注意的是，虽然得克萨斯州的特点是拥有充分的零售竞争，但该州报告的是捆绑级别的零售提供商的销售和收入，而美国电子工业联合会将这些报告给一体化提供商。此外，虽然俄勒冈

⊖　虽然得克萨斯州的零售市场正在重组，但电力公司的收入和销售都是捆绑供应商。因此，他们的收入和销售被纳入全面服务的 ARR 趋势，而不是重组的零售服务的 ARR 趋势，即仅交付和提供电能的总和。

州、内华达州和弗吉尼亚州已经重组了市场，但住宅用户仍无法参与其中。

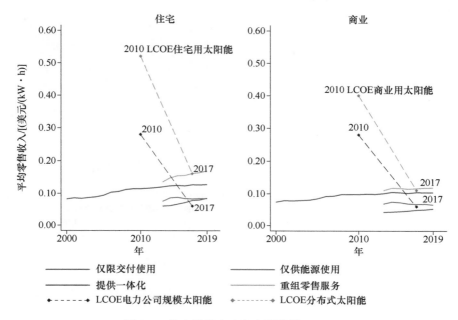

图 4-3　住宅零售电力和太阳能的 LCOE

　　这些数据显示了美国电力供应商在整个住宅和商业用户部门的 ARR，这些数据是根据来自美国能源信息署（2020）的数据。重组零售服务价格是送货和能源服务价格的总和，太阳能的 LCOE 来自美国能源部（2017），适用于气候温和以及没有投资税收抵免或州/地方激励措施的地区

　　商业部门更多地参与了与俄勒冈州、内华达州和弗吉尼亚州的零售竞争，允许这些用户从仅交付和仅能源供应商处购买电能。即使是没有重组市场的华盛顿，对商业和工业消费者也有少量的零售竞争。从图 4-5a 可以看出，加利福尼亚州和纽约州是 2019 年商业用户交付 ARR 高于电能 ARR 的仅有的两个州。此外，尽管存在住宅零售竞争的各州的一体化低于重组后的 ARR（即交付加电能），但商业部门的结果几乎完全相反。事实上，康涅狄格州和加利福尼亚州是仅有的重组后的州，在 2019 年，一体化的 ARR 低于重组后公共部门的 ARR。

　　图 4-6 提供了工业部门的州级地图。在很大程度上，有工业用户参与零售竞争的国家经历了与有商业竞争的国家相似的趋势。加利福尼亚州是唯一一个运输费高于电能费的州。在大多数重组州中，一体化的 ARR 高于重组的 ARR，只有纽约、新泽西、新罕布什尔、马萨诸塞州和康涅狄格州例外。此外，哥伦比亚特区在 2019 年没有全服务工业电能销售。华盛顿所有的工业销售都是通过重组电力公司进行的。

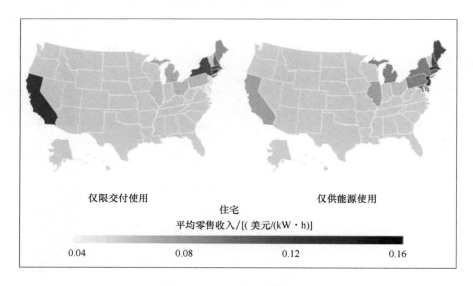

仅限交付使用   仅供能源使用

住宅

平均零售收入/[(美元/(kW·h)]

0.04   0.08   0.12   0.16

a) 仅限交付vs仅供能源使用的平均零售收入

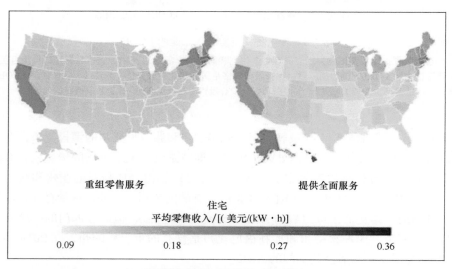

重组零售服务   提供全面服务

住宅

平均零售收入/[(美元/(kW·h)]

0.09   0.18   0.27   0.36

b) 重组零售vs提供全面服务的平均零售收入

图 4-4　2019 年美国住宅 ARR

　　上述地图显示了每个州的 ARR，价格按供应商类型显示，重组后的零售服务价格是交付和能源服务价格的总和，这些数据是根据来自美国能源信息署（2020）的数据，俄勒冈州、内华达州和弗吉尼亚州已经部分重组了零售市场，但没有住宅用户参与，只有商业和工业用户参与

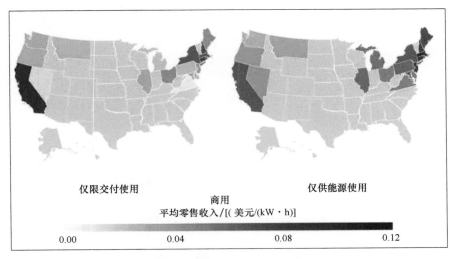

a) 仅限交付vs仅供能源使用的平均零售收入

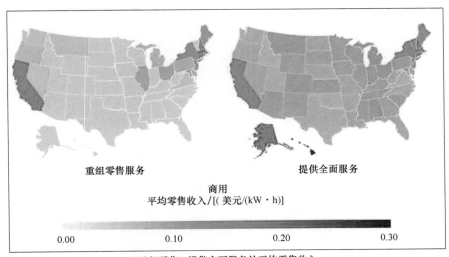

b) 重组零售vs提供全面服务的平均零售收入

图 4-5　2019 年美国商用 ARR

　　这些地图显示了每个州的 ARR，价格按供应商类型显示。重组后的零售服务价格是送货和能源服务价格的总和。这些数据是根据来自美国能源信息署（2020）的数据产生的。虽然华盛顿没有一个正式的重组市场，但该州对商业和工业用户确实有少量的零售竞争

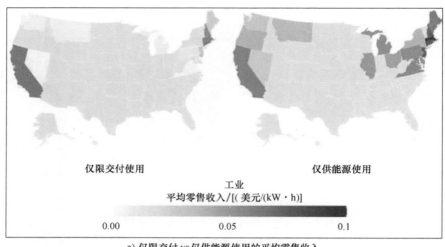

a) 仅限交付 vs 仅供能源使用的平均零售收入

b) 重组零售vs提供全面服务的平均零售收入

图 4-6　2019 年美国工业 ARR

这些地图显示各州的 ARR，价格按供应商类型显示，重组后的零售服务价格是交付和纯能源服务价格之和，这些数字是使用美国能源信息署（2020b）的数据制作的。虽然华盛顿州没有一个正式的重组市场，但该州确实有少量的商业和工业客户的零售竞争

4.2　美国以外的零售电力市场

在美国以外，许多其他国家和地区的电力部门都采取了不同程度的零售交易。虽然这些国家出台了相关政策法律允许进行竞争性电力零售交易，但并非所有国家的零售市场主体都能够积极地参与电力市场。有的国家已经将零售竞争规则委托给了他们

的州或省，有的国家已经通过了允许零售竞争的立法，还有的国家正在分阶段开展交易，仍在向自由市场过渡。在这些国家，满足某些准入条件的用户可能有能力选择他们的供应商，而其他用户则没有（例如瑞士）。在加拿大，每个省控制自己的电力市场结构，其中艾伯塔省是第一个也是唯一一个引入零售竞争的省份（Christian 和 Shipley，2019），1995 年《电力公用事业法》的通过，使得该省建立了以小时电量为单位的批发市场和竞争性零售市场。艾伯塔省输配电机构仍执行传统的服务费用法规，目前已有几十家竞争性发电公司，用户可以选择从艾伯塔省电力委员会监管的零售商或竞争性零售商处购买电能（Christian 和 Shipley，2019）。

几十年来，欧洲国家一直在引入零售竞争。在英国，零售竞争在 1990—1999 年期间分几个阶段展开，第一阶段以大用户直购电起步（PwC，2013）。1994 年，中型用户也允许入市。小用户则是在 2000 年开始时可以选择零售商（PwC，1994）。在接下来的二十年里，欧盟发布了一系列促进零售竞争的指令。最新的电力指令，即指令（欧盟）2019/944，规定"成员国应确保所有用户可自由从其选择的供应商处购买电力"和"供应商应自由决定其向用户供电的价格"的规则。虽然英国和德国有自由的零售竞争，但法国、意大利和荷兰等国家仍有一定程度的监管，对竞争市场的参与进行限制（Poudineh，2019）。在欧盟之外，瑞士也开始放开电力市场交易。2009 年，需求量为 100MW·h 的用户有机会选择他们的供应商。截至 2018 年，瑞士尚未实现完全自由的市场化交易，但为了实现未来瑞士电力市场与欧盟电力市场一体化的目标，完全自由的市场化交易是可以预见的，也是必要的（Scholl，2018）。

一些欧亚国家也在电力市场中引入了零售竞争。根据牛津能源研究所的数据，俄罗斯、乌克兰、哈萨克斯坦和土耳其都通过了允许零售竞争的立法（Poudineh，2019）。俄罗斯于 2003 年开始引入零售竞争，截至 2019 年，约 80% 的电力以竞争性市场价格交易。尽管如此，汤森路透的分析表明，该国可能正在走向能源资产的重新整合（Josefson 和 Rotar，2019）。土耳其在 2013 年经历了正式的销售和零售分离过程（Tunç 等人，2019）。乌克兰的目标是达到与欧盟相似的自由化水平。于 2019 年开始市场重组，该国仍处于引入零售竞争的过渡阶段。这种转变部分是由乌克兰电网即将与欧洲输电系统运营商网络整合所推动的（Prokip，2019）。

在亚洲和太平洋地区，一些国家已经转向竞争激烈的零售市场。随着开放电力市场（Open Electricity Market，OEM）倡议的推出，新加坡逐步放松了市场管制（Wong 等人，2019）。这一竞争市场的全面展开于 2019 年 5 月完成，用户可以选择继续享受新加坡电力公司提供的管制电价，也可以选择从更能满足其需求的零售商那里购买电力。新加坡电力公司继续运营该国的电网，并提供输送服务。截至 2021 年 4 月，49% 的家庭选择从竞争性零售商那里购买电力。根据马来西亚电力供应行业（Malaysia Electricity Supply Industry，MESI）2.0 改革，马来西亚正在引入零售竞争，这些改革旨在到 2029 年采用零售竞争，最初的试点计划从 2021 年开始（Kumar et al，2021）。

日本分几个阶段放开了电力市场。第二阶段发生在 2016 年，引入了对低压用户的竞争。预计市场改革的第三阶段将于 2020 年生效。在这一新体系下，日本的十大电力公司将被要求将其发电和零售功能与输配电功能分开（Kobayashi 和 Okatani，2019）。越南正处于引入零售竞争的早期阶段，最初阶段包括建立一个竞争性发电市场和竞争性批发市场。批发市场的初步试点于 2016 年进行，越南政府的目标是在 2021—2023 年间发展有竞争力的零售市场（Nguyen 和 Trinh，2019）。菲律宾在 2001 年电力工业改革法案（PwC，2013）后，通过其零售竞争和开放接入计划引入了零售竞争。

在过去的二十年里，印度电力部门经历了多次改革。虽然该国的主要目标仍然是为数百万无电用户提供可靠的电力服务，但也旨在增加竞争的改革（Dibyanshu 等人，2019）。2003 年的《电力法》是向竞争性零售市场迈出的第一大步。像许多其他国家一样，最初的推出为达到一定负载阈值的大用户提供了竞争。印度最近的电力市场监管侧重于向可再生能源过渡和扩大能源供应，而不是增加竞争性零售的准入（Dibyanshu 等人，2019）。这个国家的大多数用户仍然无法参与零售竞争。

在澳大利亚，维多利亚州是最早将全面零售竞争引入电力市场的州之一。1994—2002 年间，用户拥有了零售选择权，即从大型工业用户到小型用户。新南威尔士州在 2002 年也开展了全面的零售竞争，随后是南澳大利亚州和澳大利亚首都直辖区在 2003 年开展了零售竞争，昆士兰州在 2007 年展开了零售竞争，塔斯马尼亚州在 2014 年（AEMC，2019）开展了零售竞争。尽管这些市场允许零售选择，但价格往往在推出后的几年内受到管制。维多利亚州于 2009 年解除了价格管制，随后南澳大利亚州于 2013 年、新南威尔士州于 2014 年、昆士兰州东南部于 2016 年解除了价格管制。昆士兰州和塔斯马尼亚州尚未经历价格管制放松（AEMC，2019）。2019 年 7 月，维多利亚州、昆士兰州东南部和新南威尔士州的市场重新引入了价格监管。这一价格法规将要求零售商不得为某些小用户设定超过澳大利亚能源监管机构确定的年度价格的固定报价。这个价格应该作为零售商报价的上限，并作为统一费率和分时电价的参考价格（AEMC，2019）。

新西兰也有一个完全具有竞争力的零售市场。2019 年，20% 的用户更换了电力供应商，55% 的用户在过去五年中的某个时候更换了电力供应商。2019 年，用户可以选择 15 ~ 37 家供应商，具体情况取决于他们的地理位置。这相比于 2011 年（第一年的数据被追踪）大幅度增加，当时用户可以选择 5 ~ 16 家供应商。

大多数拉丁美洲国家都引入了一定程度的零售竞争（Poudineh，2019）。阿根廷是拉丁美洲零售业竞争历史最长的国家，最初的改革发生在 20 世纪 90 年代。目前，负载为 30kW 或以上的用户可以自由选择他们的供应商（PwC，2013）。巴西的零售市场既有竞争性，也有监管性。如果他们有 500kW 的最低需求，则消费者可以自由选择他们的供应商。这使得市场主要局限于较大的消费者（Schmidt 和 Ribeiro，2019）。智利也有类似的政策，如果消费者同意在市场上至少停留四年，则允许装机容量为

500kW 的消费者自由参与市场。否则，用户必须具有 5 MW 的安装负载才能参与市场（Jimenez，2020）。

4.3 零售电力的动态定价

本节首先讨论实施动态零售定价所需的基本技术和监管框架。然后，介绍动态定价和分时电价（Time-of-Use，TOU）定价，并描述为什么动态定价相对于分时电价定价在理论上具有更高市场效率属性，并进一步分析动态定价方案的适用范围。

4.3.1 动态定价的必要技术和监管框架

间隔电表的广泛使用使得监管机构要求用户根据实际每小时消耗计费成为可能，而不是每月消费的固定每小时负载概况。这一要求对零售商和顾客都有重要意义。首先，通过要求零售商支付服务这个顾客的实际成本，零售商现在必须从它向顾客收取的零售价格中收回服务的实际成本。如果消费者在能源价格昂贵的一个小时内减少需求，则零售商可以为该消费者和潜在的其他消费者节省批发能源成本，并可以将这些节省的成本转移给消费者。

然而，正如 2.1 节所述，如果用户根据其每月消费的固定每小时负载情况收取批发电能费用，则零售商就没有动机将每小时批发价格转嫁给该用户。每小时较高的能源价格只会导致用户在一个月中最容易减少消费的几个小时内减少消费，而不是在批发价格最高或零售商从用户的需求响应中获得最大的经济利益。如 2.1 节所述，产生这个结果是因为根据应用于用户每月消耗的固定每小时负载配置进行计费，这意味着无论在计费周期中何时减少消耗，需求减少 1kW 时就会减少用户的账单。

这就强调，使用间隔电表的用户必须根据他们的实际每小时消耗来充电，而不是根据应用于他们每月消耗的固定每小时负载概况。这一逻辑也说明了为什么间隔电表的广泛使用更有可能允许这种结果发生。零售商更倾向于花钱开发后台办公软件，如果更多的用户有间隔电表，就可以根据用户的实际每小时消费来计费。如果更多的用户有间隔电表，则这个后台办公室投资的固定成本可以由更多的用户来均分。

因此，如果消费者面临的默认价格消费是他们的实际消费成本的每小时计费周期，那么这将为那些愿意管理每小时批发价格风险的用户和那些没有意愿这样做的客户创造必要的条件，让他们支付超过年平均批发价格的风险溢价，以抵御短期价格波动。

正如在 7.2 节中所解释的那样，默认零售价格根据批发能源的预期年成本为无限量的能源设定一个固定价格或固定非线性价格表。在世界各地的许多市场，几乎可以确保没有用户会发现管理每小时批发价格风险符合他们的财务利益。因此，许多这些市场的监管机构和零售商都在努力找到导致用户选择管理每小时价格风险的关税，也就不足为奇了。

4.3.2 动态定价与分时电价定价

对于动态定价与分时电价（TOU）定价的经济效率效益，监管界和电力行业存在明显的困惑。简而言之，TOU 通常只比单一固定电价好一个固定价格，而动态定价的效率可能是一个单一价格的 8760 倍。动态定价可以设定一年中所有 8760 小时的有效能源价格，而 TOU 定价通常设定全年两种不同的价格，根据一天的时间而不同。因此，与动态定价相比，TOU 价格的经济效率特性更接近于单一的固定价格。

一般来说，动态定价是指用户所面临的价格随每小时的批发价格而变化。在这种情况下，一个有间隔电表的用户有动机去减少他们的消费，而这种减少对用户和零售商都有利。相比之下，TOU 定价根据一天的时间设定不同的消费价格，而不是每小时的批发价格。典型的 TOU 价格向用户在一天的特定时间收取较高的价格，而在剩下的几小时收取较低的价格，而不管每小时批发价格的价值。因此，TOU 为用户提供了一个激励，使用户在价格较高的时间改变消费，即使批发价格在一天的这些时间是最低的。

TOU 不需要用户有一个间隔电表，只有一个机械电表与两个寄存器即可：一个测量在计费周期内一天中价格更高的时间的消费，另一个测量在计费周期内一天中其他时间的消费。TOU 并不要求用户有一个间隔电表，这一事实应该清楚地表明，当单一固定价格出现需求响应时，同样的激励措施也与 TOU 相关。与单一固定零售价格类似，提高峰谷 TOU，鼓励消费者在最容易减少需求的高价时段减少消费，而不是在批发价格最高或减少消费能提供最大的全系统利益的时段。

TOU 对解决电力零售业面临的基本可靠性和经济挑战几乎没有作用，这为积极的需求方参与提供经济激励，以在电网规模和分布式风能和太阳能发电不断增加的地区保持实时供需平衡。事实上，TOU 甚至可能加剧其中一些挑战。例如，一个拥有分布式储存系统的用户面临着一个 TOU 定价，其价差大于该储存系统的往返效率，该设备可以通过在低价时期填充储存单元，并在高价时期从中消费，从而创建一个虚拟货币泵，而无需考虑电网供电的每小时边际成本。这样的储存价格可以资助储存投资，但如果每天平均每小时的批发价格相对稳定，那么这种储存投资只是一种监管套利投资，几乎没有提供系统可靠性效益或降低批发能源成本。

用户的灵活需求在间歇性可再生的未来对系统运营商十分有价值。单一价格关税或 TOU 关税并不鼓励这类用户。只有随每小时系统条件而变化的价格才能奖励这一特性，当系统运营商希望需求减少时收取高价，当系统运营商希望需求增加时收取低价。前者通常发生在间歇性可再生能源产量很小的时候，而后者通常发生在间歇性可再生能源生产接近系统需求的时候。这两种情况都可能发生在具有显著间歇性可再生能源发电能力的地区，有时甚至在同一天或一周内。

尽管速度相当缓慢，但提前定价计划在全球越来越普遍。2015—2019 年间，美国用户注册智能关税（包括 TOU）的比例从 5.1% 增加到 7.1%（美国能源信息署，2020）。在欧盟，提前的动态定价计划也越来越多。2018 年，28 个成员国中有 16 个提供 TOU，高于 2017 年的 13 个成员国，8 个成员国提供实时安排。此外，虽然只有法国在 2017 年提供了临界峰值定价，但丹麦和拉脱维亚都在 2018 年加入了这一行列。

4.3.3　现有的动态定价方案的调查

本节调查了电力零售商已经试验过或实际实施过的动态定价计划的范围。这些措施包括实时定价（Real-Time Pricing，RTP）、可变峰值定价（Variable Peak Pricing，VPP）、临界峰值定价（Critical Peak Pricing，CPP）和临界峰值回扣（Critical Peak Rebate，CPR）计划。表 4-1 和图 4-7 突出显示了这些措施之间的关键区别。

表 4-1　动态的零售定价安排（美国能源信息署，2017；IRENA，2015）

项目	特点
RTP	• 零售价格每小时或更频繁地波动 • 反映日前或一小时批发价格的变化
VPP	• 每日设定的价格 • 不同的峰值速率和恒定速率或非峰值速率 • 高峰价格在前一天开始发售
CPP	• 预先规定的高费率，即有限的天数或小时数 • 在特定时间内，非常高的"临界峰值"价格 • 临界峰值价格通常是标准价格的 3 ~ 10 倍 • 活动日通常被限制在每年 10 ~ 15 天
CPR	• 在批发市场价格较高时，鼓励减少消费 • 为应供应商要求减少消费的用户提供回扣 • 活动日通常被限制在每年 10 ~ 15 天

图 4-7a 说明了一个传统意义上每小时的用电量时间表（仅供参考）。在这个例子中，当人们睡觉，没有运行电器或使用电力照明时，发电成本最低。批发价格通常在早上 7 点左右开始上涨，这时人们醒来并准备去上班或上学。发电成本一般在下午 5 点到 9 点之间达到峰值，在此期间，人们会在家做饭、运行电器和使用电灯。在此期间，发电成本也会增加，因为一些间歇性可再生设备，主要是太阳能光伏不再发电。

因此，在缺乏重要的能源储存基础设施的情况下，发电必须依靠其他来源。图 4-7b 展现了一个 RTP 的例子，其中税率反映了每小时发电成本和批发市场价格，因为它们在一天中会有波动。价格通常提前一天或提前一小时传达给用户，以便让用户有机会对信号做出反应并改变他们的消费。图 4-7c 展示了 VPP 的一个简单示例，其中非高峰时段是静态的，但是高峰价格可以变化，以反映批发市场价格。每日峰值一般在 VPP 价格生效的前一天公布。图 4-7d 和 e 分别示出了 CPP 和 CPR。"临界高峰"事件通常在高批发价格或配电系统突发事件导致公用事业大幅提高零售价格的那一天宣布。通常会限制电力公司每年声明这些事件的次数。在 CPP 方案中，零售价格大幅度上涨，鼓励用户减少消费，否则将面临重罚。在 CPR 方案中，用户面临的是一个机会成本，即继续以通常的电价进行消耗，或者降低到某个消费阈值以下并获得折扣。5.3 节将提供这些项目在美国和国外的实例。

Wolak（2010）比较了在华盛顿随机选择的样本家庭的实地实验中，RTP、CPP 和 CPR 的性能。使用差异估计框架，Wolak（2010）发现用户在所有的动态定价计划高零售价格期间大幅度减少电力消耗。在拥有全电力供暖的家庭和拥有智能恒温器的家庭中，与这些动态定价计划相关的每小时平均处理效果更好。在相同的动态定价关税下，低收入家庭的每小时平均处理效果明显大于高收入家庭。这些实验的结果也被用来调查关于用户级需求对三种动态定价关税的响应差异的两个假设。

首先，在临界高峰期，对于相同的边际价格，CPP 产生的每小时平均需求量大于 CPR。其次，与较高的小时价格相关的需求减少，这与 CPP 下相同价格上涨相关的预测需求减少非常相似。出现这种结果是因为在一天中每小时的价格都很高的时段，往往会聚集在当天可以调用 CPP 事件的时段。

CPR 计划的另一个缺点最初是 Wolak（2007）发现的，这是一项针对阿纳海姆市电力公司住宅用户的现场实验。尽管该实验发现，在临界高峰日的高峰时段，用户比对照组的用户平均少用 12% 的电，但该实验还发现，有证据表明，用户在非关键高峰日的高峰时段增加了他们的消耗，以便设置更高的基准，并以该基准来确定他们的折扣。这一结果指出了所有基于折扣的动态定价计划的一个问题，即如何为给定的临界高峰期事件设置用户的消费基准水平。如果像阿纳海姆市电力公司试验的情况一样，基于临界高峰期事件前几天的高峰期消费平均值设定，则用户有增加消费的动机，以便获得更高的折扣。Bushnell 等人（2009）讨论了基于返利的动态定价和需求响应计划方法的不正当市场效率后果。

随着智能电表在全球的广泛使用，动态定价的机会迅速增加。美国、中国、新西兰和许多欧洲国家的大多数用户现在都配备了这些设备，因此如果电力公司提供动态定价，则他们可以注册。尽管如此，虽然基础设施已经准备就绪并在等待，但 2019 年只有约 20% 的美国电力公司提供任何形式的智能电价（包括 TOU），约 5.6% 的电力公司提供动态定价（如 RTP、VPP、CPP 或 CPR）（美国能源信息署，2020）。

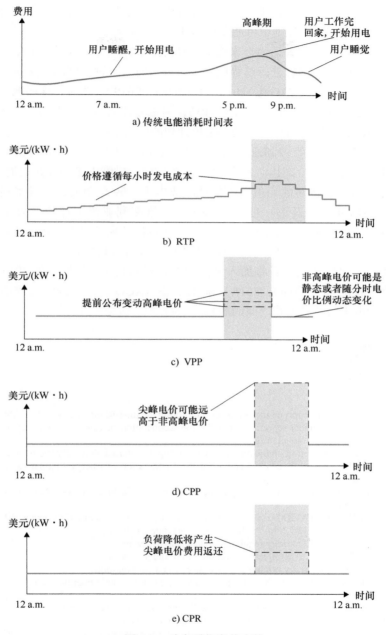

图 4-7　动态零售定价安排

该图来源为美国能源信息署（2017），EDF（2015）及 IRENA（2015）

需要强调的是，限制采用动态定价计划的一个主要原因是用户拥有非常有吸引力的固定价格默认定价选项。正如 7.2 节中所讨论的，这些默认的固定零售价格大大减少了用户从转向动态定价计划中可能获得的任何财务利益。

监管机构和政策制定者认为，未能采用动态定价计划是大规模智能电表推广的主要优势。当对间隔电表部署进行监管成本效益分析时，某种程度的动态定价采用通常被视为推广的潜在效益（VAGO，2015；Tractabel，2019）。然而，这些地区中的许多地区在一定程度上受益于采用动态定价计划，但也为住宅消费者提供了默认的固定价格，这有效地消除了这些用户转向动态定价计划的任何动机。

2009 年，澳大利亚维多利亚州成为世界上首批大规模强制部署智能电表的地区之一。该计划预计将产生高达 7.75 亿澳元的净收益。尽管维多利亚州政府 2011 年委托德勤会计师事务所撰写的一份报告估计净成本为 3.09 亿澳元，但维多利亚州仍在继续推广。2015 年，普及率一度超过 98% 后，维多利亚州审计长办公室（Victoria Auditor-General's Office，VAGO）发布了一份谴责该计划的报告，将净成本在很大程度上归因于没有采用动态定价。在 2011 年的成本效益分析中，智能电表的预期效益基于到 2014 年，4% 的消费者将加入灵活费率计划的假设。然而，到 2015 年，只有 0.27% 的消费者加入（VAGO，2015）。此外，据 VAGO 称，三分之二的消费者不知道他们的智能电表与节省电费之间的联系。

参考文献

ACER, CEER (2018) Annual report on the results of monitoring the internal electricity and natural gas markets in 2017. Technical report, Agency for the Cooperation of Energy Regulators & Council of European Energy Regulators

ACER, CEER (2019) Annual report on the results of monitoring the internal electricity and natural gas markets in 2018. Technical report, Agency for the Cooperation of Energy Regulators & Council of European Energy Regulators

AEMC (2019) Final report: 2019 retail energy competition review. Technical report, Australian Energy Market Commission

Bushnell J, Hobbs BF, Wolak FA (2009) When it comes to demand response, is FERC its own worst enemy? The Electr J 22(8):9–18. http://web.stanford.edu/group/fwolak/cgi-bin

Christian J, Shipley L (2019) Electricity regulation in Canada: overview

Dibyanshu, Rastogi S, Nair S (2019) Electricity regulation in India: overview

EDF (2015) Time-variant electricity pricing can save money and cut pollution

IRENA (2015) Time-of-use tariffs. Technical report, International Renewable Energy Agency

Jiménez G (2020) Electricity regulation in Chile: overview

Josefson J, Rotar A (2019) Electricity regulation in the Russian Federation: overview

Kobayashi T, Okatani S (2019) Electricity regulation in Japan: overview

Kumar M, Poudineh R, Shamsuddin A (2021) Electricity supply industry reform and design of competitive electricity market in Malaysia. Technical report, Oxford Institute for Energy Studies

Nguyen VQ, Trinh TN (2019) Electricity regulation in Vietnam: overview

Poudineh R (2019) Liberalized retail electricity markets: what we have learned after two decades of experience? Technical report, Oxford Institute for Energy Studies

Prokip A (2019) Liberalizing Ukraine's electricity market: benefits and risks. Focus Ukraine, The

Wilson Center

PwC (2013) Introducing competition in retail electricity supply in India. Technical report, Price-waterhouse Coopers

Quilici LM, Powers DS, Therrien GH, Davis BO, Prieto OA (2019) Retail competition in electricity. Technical report, Concentric Energy Advisors

Schmidt G, Ribeiro BMG (2019) Electricity regulation in Brazil: overview

Scholl P (2018) Electricity regulation in Switzerland: overview

Tractabel, (2019) Benchmarking smart metering deployment in the EU-28. Technical report, Tractabel

Tunç Z, Altunyuva AK, Taşçı T (2019) Electricity regulation in Turkey: overview

US DOE (2017) Sunshot 2030 fact sheet

US EIA (2017) Form EIA-861 Annual Electric Power Industry Report Instructions. Included with the Form EIA-861 detailed data files

US EIA (2020) Annual electric power industry report, form eia-861 detailed data files. https://www.eia.gov/electricity/data/eia861/. Accessed on 30 2020

US EIA (2020) Average price (cents/kilowatthour) by state by provider, 1990–2018, https://www.eia.gov/electricity/data.php/. Accessed 27 2020

VAGO (2015) Realising the benefits of smart meters. Technical report, Victoria Auditor-General's Office

Wolak FA (2007) Residential customer response to real-time pricing: the Anaheim critical peak pricing experiment, http://web.stanford.edu/group/fwolak/cgi-bin. Accessed 24 2021

Wolak FA (2010) An experimental comparison of critical peak and hourly pricing: the PowerCentsDC program. Department of Economics Stanford University, http://web.stanford.edu/group/fwolak/cgi-bin. Accessed 24 2021

Wong K, Meng TW, Kiat YB (2019) Electricity regulation in Singapore: overview

第5章 发展现状

本章主要研究影响零售电力行业发展程度的主要技术。间隔计量或分时计量是关键技术之一。分布式太阳能是对现有电力零售商业模式的重大颠覆性技术。动态定价是以间隔计量为前提的，因此本章将调研动态定价的当前普及率，以及批发市场中需求方积极参与的其他方法。最后，还将研究允许第三方访问分销网络的监管规则的现状。

5.1 时间间隔电表的发展规模

间隔、智能或先进的电表是没有输配电网络运营商控制负载的用户积极参与需求方批发市场的必要一步。间隔电表为消费者和电力公司提供高细粒度的消费数据。在许多情况下，这些设备经常每 15min 报告一次使用统计数据。2017 年，全球对间隔计量技术的投资接近 200 亿美元，比 2010 年增长了 300%（IEA，2019）。

本节将概述在美国、欧洲、大洋洲、亚洲和拉丁美洲采用先进电表的进展和规模。在整个过程中可以互换地使用术语间隔、智能、先进和智能测量体系（Advanced Metering Infrastructure，AMI）。虽然这些类型的仪表总是需要具有双向通信能力，但其他规格可能在不同的司法管辖区有所不同，许多仪表甚至具有更先进的功能。6.1 节将在对电网现代化技术的调查中深入探讨这些差异。

5.1.1 智能电表在美国的发展

随着智能电表在美国越来越受欢迎，其他计量技术的使用已经减少。图 5-1 显示了 2008—2019 年 AMI 电表、自动抄表（Automated Meter Reading，AMR）电表和标准电表的历史采用情况。虽然 AMI 电表和 AMR 电表都比标准设备具有优势，但 AMR 电表仅限于单向通信，即它们只向电力公司报告使用统计数据（美国环境影响评估，2015）。另一方面，AMI 电表至少每小时测量一次消耗量，并每天将数据传输给消费者和公用事业公司（美国能源信息署，2019）。这个特性通常被称为"双向"通信或互操作性。AMR 电表安装（红线）在 2010 年达到峰值，随后十年的大部分时间里缓慢下降。AMI 电表（蓝线）的数量在 2013 年首次超过 AMR 电表，当时全国约有 5330 万个 AMI 电表（占市场的 38.7%）（美国能源信息署，2020a）。截至 2017 年底，AMI 电表安装量超过了标准电表和 AMR 电表的总和（紫线）。

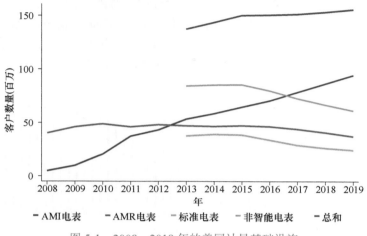

图 5-1　2008—2019 年的美国计量基础设施

该图是根据美国电子工业联合会的年度电力行业报告（美国能源信息署 2020a）的原始数据绘制的。非智能电表（紫色线）的数量计算为 AMR 电表和标准电表的总和，总电表计数（绿线）包括 AMI 电表、AMR 电表和标准电表。在 2013 年之前，国际能源署没有记录美国安装的标准仪表的数量，因此，在 2013 年之前，总、标准和非智能电表数量被省略。此外，在 2008 年和 2009 年，美国电子工业联合会记录了使用 AMI 电表的用户数量，而不是实际安装的仪表数量（颜色数字在线）

截至 2019 年底，美国已安装超过 9450 万个 AMI 电表。在全美国范围内，AMI 电表的市场普及率达到 60.7%，高于 2018 年的 56.5%。尽管如此，AMI 电表现在占美国所有计量装置的一半以上，但 2019 年有 26 个州的市场普及率仍低于 50%，12 个州仍低于 25%（美国能源信息署，2020a）。此外，2019 年出售的电力中，只有约 50% 是用电表计量的。图 5-2 提供了 2019 年各州的单个市场普及率[一]。在过去四年的可用数据中，哥伦比亚特区保持了最高的市场普及率，超过 99%。

无论计量技术如何，大部分电表都安装在住宅用户部门（美国能源信息署，2020a）。住宅电表安装在私人住宅和公寓建筑中，在这些地方，电力主要用于空间和水加热、空调、照明、制冷、烹饪和衣物烘干。从 2013—2019 年，住宅电表一直占美国安装的所有电表的 87% ~ 88%。到 2019 年，住宅领域安装了近 1.38 亿个电表，其中 8350 万个是智能电表（美国能源信息署，2020a）。

从全美国来看，从 2013—2015 年，住宅行业保持了所有用户行业中最高的市场普及率，并在 2019 年重新获得了这一地位。2016 年，交通领域的全国市场普及率首次超过住宅领域（美国能源信息署，2020a）。在 2017 年和 2018 年，四个州的交通运

　㊀　在提到美国时除非另有说明，均包括哥伦比亚特区在内。

输部门保持了 100% 的市场普及率，密歇根州、北卡罗来纳州、新泽西州和威斯康星州⊖安装在交通运输部门的电表用于记录铁路和电力驱动铁路（如地铁系统）的消耗。虽然智能电表在少数几个拥有计量交通基础设施的州的普及率较高，但大多数州的交通部门没有安装任何类型的电表（美国能源信息署，2020a）。值得注意的是，本文中的"运输部门"在范围上不同于 2.5 节中讨论的部门，其不包括连接到电动汽车充电站或家用电动汽车充电器的智能电表。相反，这些将分别包括在商业和住宅部门。

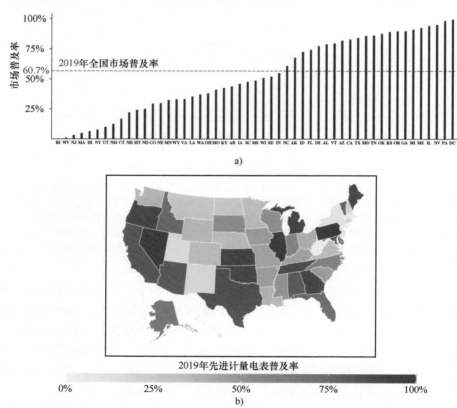

图 5-2 2019 年美国国家级智能计量表普及率

市场普及率的计算方法是将一个州的智能电表安装数量除以该州的电表总数，这些数据来自国际能源署的年度电力行业报告（美国能源信息署，2020a）中的原始数据

图 5-3 显示了 AMI 电表的原始增长和每个用户领域不断变化的市场普及率。从 2008—2009 年，美国拥有智能电表的用户数量增加了 107%。到 2010 年底，这一数字又增加了一倍多（比 2009 年增加了 111%）（美国环境影响评估，2020a）。经过几

⊖ 亚利桑那州和佐治亚州在前几年的普及率达到了 100%，但到 2018 年却有所落后，亚利桑那州的普及率为 23%，佐治亚州的普及率仅为 10%。

年的强劲增长，AMI 电表的采用率在 2014—2018 年间稳定在 10% 左右的年增长率。从 2018—2019 年，美国的 AMI 安装量增长了 9.2%。美国能源部将 AMI 电表采用率增长缓慢归因于一些电力公司不愿意在绝对必要之前逐步淘汰 AMR 电表。AMR 电表仍占美国所有计量基础设施的约 24%，并有 AMI 电表的部分优势（如运营和维护成本节约）。尽管如此，彭博新能源金融预测，美国智能电表市场将继续稳步增长，到 2030 年将达到 93% 的市场普及率（美国能源部，2018）。

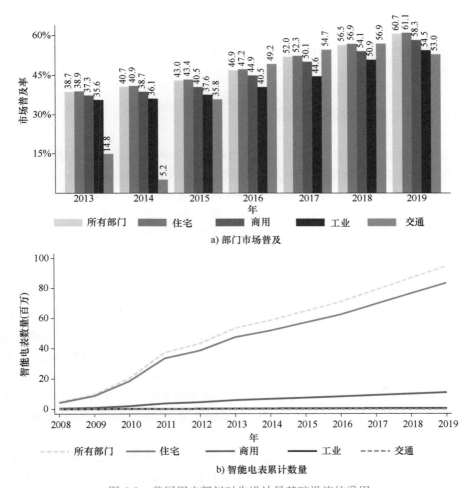

a) 部门市场普及

b) 智能电表累计数量

图 5-3　美国用户部门对先进计量基础设施的采用

　　a）显示了 AMI 电表在每个终端用户领域的市场普及率，以及全国范围内的市场普及率。b）显示了美国每个终端用户部门安装的 AMI 电表的累计数量，以及所有部门安装的总数量。这些数据是使用国际能源署年度电力行业报告（美国能源信息署，2020a）中的原始数据得出的

　　21 世纪初，奥巴马总统签署了旨在刺激美国经济增长的《美国复苏和再投资法

案》后，美国为采用智能电表提供了大规模的联邦资金投入。这项立法根据智能电网投资补助（Smart Grid Investmen Grant，SGIG）。截至 2011 年，超过 8 亿美元的 SGIG 资金和 11 亿美元的参与者资金用于先进的计量项目，自该项目开展以来的两年内，安装了 740 多万个 AMI 电表。据报道，截至 2012 年 3 月，作为智能电网投资补助金项目的一部分，已安装了 1080 万个 AMI 电表（美国能源部，2012 年）。第二年，美国能源部报告称，作为智能电网投资补助金项目的一部分，安装了 1420 万个 AMI 电表，总投资超过 25 亿美元（美国能源部，2013）。国际能源署的数据显示，截至 2013 年底，全国已安装超过 5330 万个 AMI 电表，这意味着 SGIG 资助的 AMI 电表约占所有安装的 27%。到 2016 年，能电网投资补助基金已负责 32% 的 AMI 电表安装（美国能源部，2016）。

5.1.2　智能电表在欧洲的发展

在欧洲，智能电表的广泛采用是由电力指令在 2009 年推动的。根据该指令的附件一，欧盟的所有成员国都被指示进行成本效益分析（Cost-Benefit Analysis，CBA），以评估智能计量基础设施的可行性。该指令最初规定，任何 CBA 结果积极的州到 2020 年必须达到 80%。2019 年 6 月发布的《重新铸电力指令》更新了智能电表部署的要求。欧盟成员国现在必须在 CBA 积极的 7 年内达到 80% 的市场普及率，或者到 2024 年在 2019 年 7 月之前开始发展的成员国。

最近的报告表明，欧盟的六个成员国智能电表的市场普及率至少达到了 80%，爱沙尼亚、芬兰、意大利、马耳他、西班牙和瑞典（ACER 和 CEER，2019；Tractabel，2019）。虽然斯洛文尼亚和丹麦都达到了 50% 以上的市场普及率，但其余大多数成员国仍处于推广的早期阶段。此外，虽然挪威不是欧盟成员国，但据报道，挪威的市场普及率也超过了 80%（ACER 和 CEER，2019）。总体而言，截至 2018 年底，欧盟约有 34% 的电表是智能的。2019 年 6 月，咨询公司 Tractabel 在向欧盟委员会提交的报告中预测，到 2020 年，最初提出的 2.26 亿个智能电表中，只有约 1.23 亿个将被安装。如果这一预测是正确的，那么欧盟将在 2020 年达到约 42.5% 的整体普及率（Tractabel，2019）。

图 5-4 显示了 Tractabel（2019）报告的 2018 年每个欧盟成员国的市场普及率。虽然智能电表的总体推出无法达到 2020 年的目标，但 Tractabel 仍预测到 2024 年市场普及率将大增（估计接近 84%）。此外，Tractabel 预计到 2030 年市场普及率将达到 91% 以上，仅略低于英国国家统计局预测的 2030 年美国市场普及率的 93%（Tractabel，2019；美国能源部，2018）。Tractabel 预计，到 2030 年，智能电表的总投资将刚刚超过 400 亿美元。

虽然一些欧盟成员国已经达到或正在迅速接近其部署目标，但有几个成员国尚未完成 CBA 或报告了负面结果。此外，一些成员国最初的 CBA 被最近的分析推翻（奥地利和卢森堡）。报告其 CBA 结果为负面的国家被要求每四年进行一次新的分析来追上技术变化。截至 2018 年 7 月，西班牙和马耳他仍未完成 CBA，然而，这两个国家都远高于 80% 的市场普及率目标（Tractabel，2019）。

在进行成本效益分析时，欧盟成员国通常不仅要考虑与智能计量设备相关的资本支出，还要考虑信息技术基础设施、电表、网络管理和用户服务方面的投资。只有不到一半的成员国考虑了与收入减少和消费者参与有关的经营支出。所考虑的好处包括由于远程抄表技术的出现而降低了运营成本，以及激发了积极的需求方参与的潜力。成本效益分析结果估计，智能计量的成本在每个表 38 ~ 546 欧元之间，而收益在每个表 19 ~ 493 欧元之间（Tractabel，2019）。

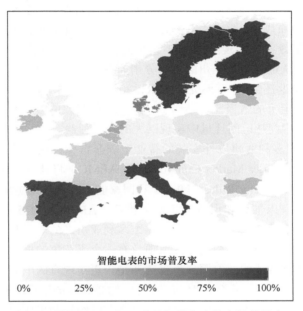

图 5-4　截至 2018 年，欧盟智能电表的市场普及率

该图显示了截至 2018 年，欧盟成员国智能电表的市场普及率。没有可获得数据的成员国以深灰色显示，浅灰色显示的国家不是欧盟成员国。该图是根据 Tractabel（2019）报告的市场普及率绘制的

5.1.3　智能电表在澳大利亚、新西兰、亚洲的发展

智能电表在澳大利亚的部署分为两个阶段，这是由州和国家层面的法规推动的。2009 年，维多利亚州首次强制采用智能电表。最初的计划是在 2012 年年底之前用 AMI 取代所有现有的属于住宅和小型企业消费者的电表。在项目正式开始之前，截止

日期被延长到 2013 年，预计需要安装 260 万个电表才能达到目标。根据维多利亚州审计长办公室（VAGO）的数据，到 2014 年 6 月，大约 98.6% 的推广工作已经完成（VAGO，2015）。

正如 4.3 节所讨论的，维多利亚的强制推广受到了强烈的批评，特别是来自 VAGO 的批评。虽然最初的 CBA 估计了与大规模推广相关的净收益，但修订后的估计表明，维多利亚的消费者可能面临该项目的净成本。2011 年，维多利亚州财政和财政部委托德勤会计师事务所对该项目的成本和收益进行重新评估。尽管德勤估计消费者将面临 3.19 亿澳元的净成本，而此前估计的净收益为 7.75 亿澳元，维多利亚维持了其计划并继续推广（德勤，2011）。2015 年，VAGO 发布了一份报告，其中包含了对推广的进一步批评。维多利亚州审计署的报告发现，2009—2015 年的计量成本比最初预测的高出 11% 以上。此外，报告还指出，该项目的终身成本有可能超过德勤估计的 3.19 亿澳元的净成本。VAGO 把预期净成本增加的主要原因归结为灵活关税的缓慢采用，这阻碍了效益的实现。2016 年，澳大利亚能源监管机构（Austrilian Energy Regulator，AER）认定维多利亚州的能源分销商在推广期间超支。分销商随后被要求向维多利亚消费者返还 7500 万澳元（AER，2016）。正如 7.3.3 节中所讨论的，在维多利亚州默认零售定价的适当监管结构下，经过一些修改的澳大利亚批发电力市场设计可以让用户和零售商从区间计量中实现巨大的经济利益。

至 2015 年，维多利亚州以外安装的智能电表非常少，这促使澳大利亚能源市场委员会（Austrilian Energy Market Commission，AEMC）将新规则纳入现有的国家电力规则（National Electricity Rules，NER）和国家能源零售规则（National Energy Retail Rules，NERR），以催化和促进竞争性的推广（AEMC，2015）。维多利亚和国家计划之间存在着关键的差异。也就是说，在维多利亚引进的电表是强制性的，这意味着所有现有的电表都被取代。相反，国家项目有一个半竞争的框架，这样所有新的或替换的电表都必须是智能的，但用户可以选择是否更换现有的电表。全国范围内的采用始于 2017 年 12 月 1 日，截至 2018 年 10 月，约 29.9% 的用户拥有智能电表（Delos Delta，2018）。由于维多利亚在 AEMC 的裁决之前已经强制采用智能电表，所以修正案包含了从现有的全州 AMI 项目到全国市场驱动项目的过渡项目。

新西兰放弃强制推出智能电表，主要是因为自愿采用 AMI 的速度。事实上，新西兰是世界上市场普及率最高的国家之一，据报道 2017 年超过 73%（Gunderson，2017）。虽然没有法律约束力，但新西兰电力局确实为智能电表的采用提供了指导方针，即"说服和促进"智能电表的推广，"而不是监管"（新西兰电力局，2010）。

大多数亚洲国家尚未开始广泛采用智能电表（见图 5-5）。根据美国商务部的数据，尽管在韩国、日本和中国有强大的部署，但该地区的平均市场普及率只有 4%（Gunderson，2019）。根据现有的估计，中国可能是欧洲以外普及率最高的国家（2017 年为 96.5%）。中国两家国有输电运营商都已采取措施，以确保该技术得到广泛采用。

根据美国商务部的数据，中国国家电网公司和中国南方电网公司计划在 2017—2022
年期间再安装 2.8 亿个智能电表。国际市场研究分销商的进一步分析预测，到 2025 年
（Research and Markets，2019），智能手机的使用率将继续以每年 3.5% 的速度增长。
日本目前的市场普及率为 47.8%，计划到 2025 年完成智能电表的安装（Gunderson，
2017）。韩国也在努力提高市场普及率，韩国最大的公用事业公司韩国电力公司选择
智能设备供应商 Arm 安装 2000 万台智能计量设备（Business Wire，2018）。

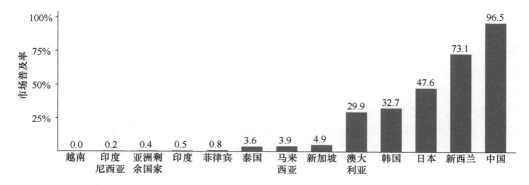

图 5-5　2017 年，亚洲和大洋洲智能电表的市场普及率

这个数字是根据 Gunderson（2017）报告的数据得出的

在一些发展中国家，采用间隔电表是为了减少能源盗窃造成的损失。墨西哥、
巴西、印度和一些东欧国家已经为此开展了试点安装项目（Alejandro 等人，2014；
Binz 等人，2019；Nielsen，2012）。印度的智能电网试点项目打算投资 6000 万美元
安装智能电表，以解决这一问题。截至 2017 年，已有四个试点项目启动。该项目还
打算提高可靠性，这对于一个有 5.5 亿多有限或没有电力供应的人口的国家是必要的
（Gunderson，2017）。

尽管早在过去十年里，行业报告预测到 2021 年，印度将大量采用智能电表，但
该国在很大程度上仍处于试点模式。尽管增长速度低于预期，但印度已经采取了一些
措施来扩大其智能电网，减少电力相关损失（Alejandro 等人，2014）。截至 2017 年，
至少有 4 个试点项目已经启动，智能电表市场普及率达到 0.5%（Gunderson，2017）。
2018 年，印度委托电表供应商进行估算，以便开始大规模推广 500 万个电表（Singh
和 Upadhyay，2018；Rowlands-Rees，2018）。

5.1.4　智能电表在拉丁美洲的发展

关于在拉丁美洲采用智能电表的一致和全面的信息非常有限。然而，根据所有说
法，该区域正处于部署的非常早期阶段。美国商务部报告称，拉丁美洲和加勒比地区

的区域平均市场普及率在 2017 年为 5%（Gunderson，2019）。

根据美国商务部的数据，2017 年墨西哥在该地区的市场普及率最高，为 10%。此外，美国国家可再生能源实验室在其 2019 年对墨西哥智能电网的调查中发现，到 2016 年底，五个 AMI 试点项目已经完成，另有 11 个已经开始（Binz 等人，2019）。美国国家可再生能源实验室还指出，墨西哥联邦电力委员会⊖计划在 2017—2021 年期间安装近 470 万个智能电表。此外，联邦电力委员会采用智能电表的主要理由之一是减少盗窃造成的电力损失（非技术损失）。

巴西还部署了智能电表，以努力减少非法用电。2012 年，彭博社（Bloomberg）报道称，里约热内卢贫民区安装了 5 万个智能电表。在安装它们之前，80% 的电力都是非法从电网中获取的。智能电表供应商埃尔斯特（Elster）报告说，盗窃行为随后消失了。当然，这不能被解释为因果关系，部分原因是试点项目伴随着增加的警力（Nielsen，2012）。尽管巴西在很大程度上仍处于试点阶段，但巴西的能源监管机构，即国家电力管理局（Agência Nacional de Energia Elétrica，ANEEL）已经采取了一些措施，以实现大规模的推广。ANEEL 曾希望在 2009 年之前用智能电表取代所有计量基础设施，后来将这一目标推迟到 2021 年，然后进一步放弃现有电表的强制替换（Alejandro 等人，2014）。美国商务部报告称，2017 年只有 3% 的电表是先进的（Gunderson，2019）。

5.2 分布式太阳能的部署范围

根据 IEA 的数据，2018 年，全球分布式太阳能发电机的装机容量达到 213GW。作为参考，2018 年全球太阳能总容量，包括公用事业规模的安装，约为 496GW（GWEA，2019c）。根据 IEA 的数据，2018 年，仅中国、日本、德国、美国和意大利的商业 / 工业和住宅装机就占了全球装机容量的 75%。IEA 指出，所有这些地区都有强有力的政策激励，推动分布式太阳能光伏的采用。

为了补偿分布式发电机向电网注入的能量，世界各地已经采用了许多不同的费率结构。其中包括"全买全卖"式的安排，要求分布式发电机将所有的能量注入电网，以获得更新电价，并要求公用事业公司购买。然后，光伏系统的所有者以零售价格从公用事业公司购买能源。全买全卖方案通常被称为"上网电价"或国定价格方案。这些安排在一些亚洲国家、法国和墨西哥使用（IEA，2019c）。净计量政策通常出现在美国，允许分布式光伏所有者消耗他们产生的能量，并将多余的能量卖回电网，以在未来的能源账单中获得信贷。最后，实时自我消费安排允许用户消费和出售多余的发电，但与净计量不同的是，出售能源是为了现金，而不是作为未来账单的赊账。实时

⊖ 联邦电力委员会是墨西哥的国有电力公司。

模型至少每小时计算一次能源。大多数欧洲国家使用这些类型的安排（IEA，2019c）。表 5-1 总结了这些分布式发电的补偿安排。

表 5-1 分布式发电补偿安排（IEA，2019c；美国能源信息署，2017；Aznar，2017）

类型	描述
"全买全卖" 或上网电价	• 拥有光伏的用户以固定的补偿价格将电能卖给电网 • 补偿价格可能高于、低于或等于零售价格 • 拥有光伏的用户以零售价格买回电力 • 预先设定的合同期限
净计量	• 拥有光伏的用户消纳光伏发电能够获得额外的补偿 • 在未来的电费账单里将这些补偿予以抵扣
实时自消纳	• 拥有光伏的用户消纳光伏发电并卖掉额外的部分 • 以小时或者更快的频率进行电量统计

本节将概述分布式太阳能在美国、欧洲、大洋洲、亚洲和拉丁美洲的采用程度。此外，还将讨论分布式太阳能采用的驱动因素和未来几年可能发展的潜在趋势。在本节中，将参考住宅、小型、商业、工业、离网和公用事业规模的太阳能装置，这些术语用于指出分布式系统的规模和用途，而在现有的文献中不一定是一致使用的。

5.2.1 分布式太阳能在美国的发展

根据国家可再生能源和效率激励数据库（Database of State Incentives for Renewable & Effciency，DSIRE）（DSIRE，2020），截至 2020 年 6 月，40 个州和哥伦比亚特区已经通过了分布式发电的强制性补偿规则。这些政策中的大多数都要求过剩的发电量与消费一一对应。然而，其中五个州允许以避免成本率而不是零售电价将净过剩发电量计入用户⊖。

在美国，分布式太阳能光伏有几种所有权安排（见图 5-6）。2019 年，用户拥有的净计量安装占了大部分容量，约为 22.6 GW（美国能源信息署，2020a）。自 2015 年以来，这些设施的容量增加了一倍多。第三方拥有（Third-Party Owned，TPO）太阳能协议在美国也越来越受欢迎，到 2019 年，在 TPO 协议下安装了超过 6.3GW 的容量。TPO 太阳能安装通常涉及用户和太阳能基础设施所有者之间的租赁或电力购买协议（Power Purchase Agreement，PPA）。用户签约后可以从固定时间内产生的能源中获益，同时避免安装太阳能电池板的前期费用。

⊖ 2020 年 6 月更新的图表明 40 个州和华盛顿特区目前的全州净计量政策，但这五个州过渡向其他类型的分布生成补偿规则。这些类型的政策的差异在很大程度上归因于用户向电网销售能源的不同的补偿率（例如，避免成本率）。

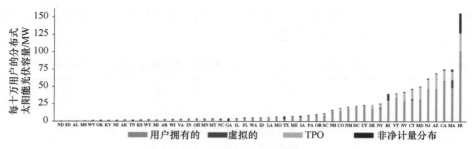

图 5-6　2019 年美国分布式光伏系统的类型

这张图显示了每个州每十万用户的分布式太阳能光伏容量（MW）。数据按用户拥有的、虚拟的、TPO 和非净计量的分布式太阳能光伏进行分类，但从每个州的用户总数中省略简短的应答者，因为他们不提供关于其净计量容量的数据。图中数据是根据 EIA 的年度电力行业报告（美国能源信息署，2020a）中的原始数据

在美国，"虚拟"净计量太阳能市场也在不断增长（有时称为"社区太阳能"）。这些安排允许多个用户从远程或现场太阳能装置发电中受益。用户可能只拥有装置容量的一小部分，并因其产生的能量而获得信用。这是一个针对没有房子或缺乏现场太阳能光伏所需空间或初始条件消费者的解决方案。美国仅有约 711MW 的虚拟净计量太阳能发电能力，其中超过一半位于马萨诸塞州（美国能源信息署，2020a）。最后，美国有大约 1.5GW 的非净计量分布式太阳能光伏发电能力，超过 60% 的设施位于得克萨斯州、佐治亚州、加利福尼亚州和夏威夷（按递减顺序）。非净计量分布式安装包括小于 1MW 的系统，"安装在用户现场或附近，或系统内的其他地点"（美国能源信息署，2017）。这些装置可以是并网和公用事业或用户拥有，但不纳入任何形式的计税安排。

2015—2019 年，加利福尼亚州和新英格兰地区增加了大多数净计量分布式容量。事实上，到 2019 年，美国约 39.5% 的净计量分布式太阳能发电能力位于加利福尼亚州（美国能源信息署，2020a）。夏威夷在 2015—2019 年期间保持了每个用户最高的净计量光伏容量，在 2019 年达到了每 10 万用户 127MW 的峰值。图 5-7a 显示了 2015 年和 2019 年每十万用户的州级净计量分布式太阳能容量。夏威夷每个用户的容量比第二高的加利福尼亚州（美国能源信息署，2020a）高出 73%。虽然夏威夷拥有最多的每个用户的分布式容量，加利福尼亚州拥有最多的总容量，但马萨诸塞州从分布式太阳能向电网出售的能源最多。图 5-7b 提供了从净计量太阳能光伏进入电网的实际销售额（GW·h）。

除了州一级的净计量规则外，美国还有许多关于分布式能源部署的政策、激励措施和目标。2019 年，纽约州通过了一项参议院法案，制定了到 2025 年达到 6GW 分布式太阳能发电能力的目标（纽约州参议院 2019 年）。2019 年，该州的发电量刚刚超过 2.1GW（美国能源情报署，2020a）。在国家层面，美国从 2006—2019 年提供

了 30% 的太阳能投资税收抵免（Investment Tax Credit，ITC）。截至 2020 年，太阳能 ITC 已降至 26%，并将在 2021 年进一步削减至 22%（美国能源部，2020b）。从 2022 年起，只有商业设施才有资格获得 10% 的信贷（美国能源部，2020a）。

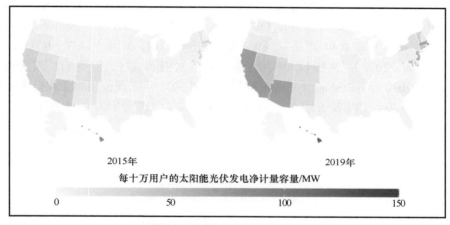

a) 美国太阳能光伏发电净计量容量

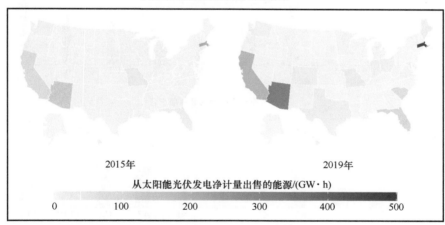

b) 从太阳能光伏发电净计量出售的能源

图 5-7　美国的净计量趋势

　　a）显示了每个州每十万用户的总太阳能光伏净计量容量（MW）。对于这些计算，使用了用户拥有的、虚拟的和 TPO 太阳能光伏的总和，但从每个州的用户总数中省略了简短的应答者，因为他们没有提供关于其净计量容量的数据。b）显示了从用户拥有的和虚拟网络计量发电机以及从每个州的网络计量储存装置出售给电网的能源。这些数据是根据 EIA 的年度电力行业报告（美国能源信息署，2020a）的原始数据得出的。EIA 没有记录从 TPO 太阳能装置卖回电网的能源数量

2016—2019 年期间，美国公用事业规模的太阳能发电量增长了近 77%[○]。2019 年，美国公用事业规模的太阳能发电总容量超过 36GW。图 5-8 比较了十个州每十万用户的公用事业规模和分布式太阳能容量[○]。美国能源部一直在努力通过 "2030 年 SunShot 计划" 来提高太阳能的竞争力。美国能源部报告称，在 2010—2017 年期间，公用事业规模太阳能的 LCOE 从 0.28 美元 /（kW·h）下降到 0.06 美元 /（kW·h）（−78%）。相比之下，住宅和商业太阳能的 LCOE 分别从 0.52 美元 /（kW·h）下降至 0.16 美元 /（kW·h）（−69%）和 0.40 美元 /（kW·h）下降至 0.11 美元 /（kW·h）（−72.5%）（美国能源部，2017）。这些 LCOE 用于安装在气候温和地区，没有 ITC 或其他联邦或州补贴。2030 年 SunShot 计划的最终目标是到 2030 年实现公用事业规模太阳能的 LCOE 为 0.03 美元 /（kW·h），住宅和商业太阳能的 LCOE 分别为 0.05 美元 /（kW·h）和 0.04 美元 /（kW·h）。

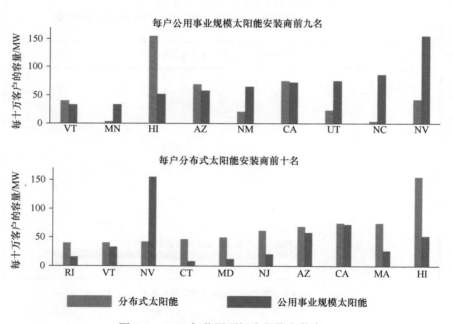

图 5-8　2019 年美国顶级太阳能安装商

该图显示了前十个州的每十万用户的分布式和公用事业规模的太阳能容量。公用事业规模的太阳能发电包括在表格 EIA-860 中报告的所有太阳能光伏容量，但在净计量安排中登记的容量除外。分布式太阳能容量包括用户拥有的、虚拟网络计量的和 TPO 安装。该图是根据 EIA 的年度电力行业报告和年度发电机报告（美国能源信息署，2020a，b）的原始数据绘制的

○　EIA 将公共事业规模的设定定义为那些容量超过 1MW 并连接到高压电网的设施。

○　从这些计算中省略了作为净计量程序的一部分公用事业规模的容量。

5.2.2　分布式太阳能在欧洲的发展

欧洲是分布式太阳能的早期采用者。事实上，在 2006—2012 年期间，全球分布式太阳能的大部分装机容量都在欧洲。虽然北美、中国和亚太地区在 2012 年之后出现了大幅度增长，但欧洲地区国家在 2018 年仍然保持了世界装机容量的近 40%，积累了近 8000 万 kW 的发电能力，其中大部分位于德国和意大利（IEA，2019c），如图 5-9 所示。此外，人均安装分布式太阳能的前五名中有三个是欧盟成员国（德国、比利时和意大利）（IEA，2019a；联合国，2020）。

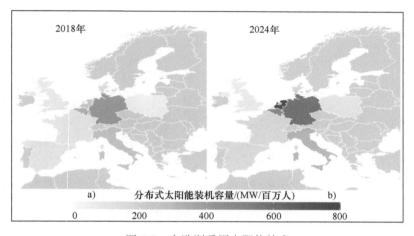

图 5-9　在欧洲采用太阳能技术

产能值来自 IEA（2021）《美国经合组织可再生能源净产能》，IEA 可再生能源信息统计数据库。保留所有权利，由 Ian H. Hardman 修改（IEA，2019a）。a）和 b）显示了 2005— 2017 年欧洲累计的并网太阳能总容量；b）显示了 2006— 2017 年期间每个国家光伏发电库存的年增加情况。这些数据是根据 IEA（2019b）的数据得出的

欧洲迅速崛起成为全球安装商，这在很大程度上要归功于 2006—2012 年期间极其慷慨的关税计划。欧洲国家倾向于对分布式太阳能采用实时自耗或净计量补偿方案（IEA，2019c）。然而，IEA 预计，在全买全卖方案的影响下，住宅分布式太阳能市场将会扩大。此外，IEA 指出，根据欧盟最新的可再生能源指令，当前的政策环境将鼓励分布式发电机更多的自我消费（IEA，2019c）。

IEA 的预测表明，在 2018—2024 年期间，欧洲的分布式产能将增加约 63%。尽管德国预计仍将是原始装机容量最大的国家，但荷兰将成为人均装机容量最大的国家，这不仅是在欧洲，而且是在全球范围内。图 5-10 显示了使用 IEA（2019a）的容量预测和联合国（2020）的人口预测的欧洲分布式太阳能容量预测。

图 5-10a 显示了过去十年欧洲（电力公司规模和分布式）太阳能发电能力的发展。就太阳能发电装机容量的绝对数量和人均数量而言，德国都是欧洲领先的国家。2008

年之前，欧洲基本上没有太阳能装机容量，但该地区在 2012 年之前经历了快速增长，此后增长更加稳定。早期的增长趋势在一定程度上是由一些欧洲国家提供的非常慷慨的补贴和激励措施推动的。其中许多已经被修改，不再那么吸引人。大部分增长发生在激励措施最慷慨的西班牙、意大利、比利时和德国（IEA，2019c）。人们最终对这些激励措施给政府和消费者带来的成本提出了质疑，其中许多国家的资助计划和关税大幅度降低。从图 5-10b 中可以看出，在 2014—2016 年期间，大多数太阳能电池板安装在英国。

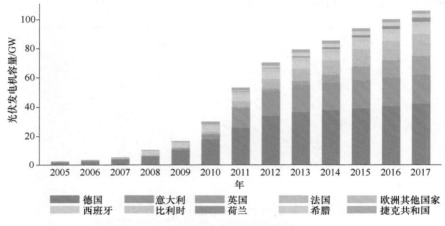

a) 分布式光伏发电累计并网容量

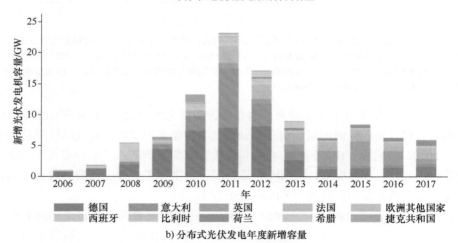

b) 分布式光伏发电年度新增容量

图 5-10　IEA 发布的欧洲太阳能预测图

产能值基于 IEA（2019）可再生能源 2019 年数据本。保留所有权利，由 Ian H. Hardman 修改（IEA，2019a）。这一数字说明了目前和预测的欧洲人均分布式太阳能容量，在计算中包括了住宅、工业和离网容量。利用联合国（2020）的数据，将每个国家的总容量除以其 2018 年的人口和预计的 2024 年人口

5.2.3　分布式太阳能在澳大利亚、新西兰、亚洲的发展

根据澳大利亚能源监管机构（Australian Energy Regulator，AER）的数据，澳大利亚每平方米接收的太阳辐射比其他任何陆地地区都多，即每年 1600 万 TW·h 的太阳辐射。2017—2018 年，屋顶太阳能光伏占澳大利亚国家电力市场（National Energy Market，NEM）发电量的 3.4%（AER，2018）。2018 年，澳大利亚是世界上人均住宅分布式太阳能装机容量最多的国家（IEA，2019c）。IEA 报告称，联邦补贴在 2018 年支付了高达 35% 的系统成本⊖。澳大利亚的小规模可再生能源计划（Small-scale Renewable Energy Scheme，SRES）为住宅安装太阳能光伏发电能力提供了财政激励补偿的数额是基于 15 年期限或 2030 年该计划结束时的预期发电量（澳大利亚清洁能源监管机构，2018）。

在 2010—2018 年期间，屋顶太阳能光伏占澳大利亚新增可再生能源容量的 30% 以上（AER，2018）。图 5-11 显示了 2009—2019 年澳大利亚领土和州的小型太阳能光伏安装容量（澳大利亚清洁能源监管机构，2020）。根据澳大利亚清洁能源监管机构（2020）的数据，到 2018 年底，澳大利亚安装了 8.2GW 小型太阳能，到 2019 年底安装了 9.8GW。这与国际能源署的报告相矛盾，该报告称，到 2018 年底，澳大利亚的总分布式容量不足 800GW。同样，澳大利亚清洁能源监管机构（2020）报告的 2019 年小型发电总容量比国际能源署预测的该年澳大利亚分布式太阳能发电总容量要大。在昆士兰州和南澳大利亚州，超过 30% 的家庭安装了光伏系统（AER，2018）。

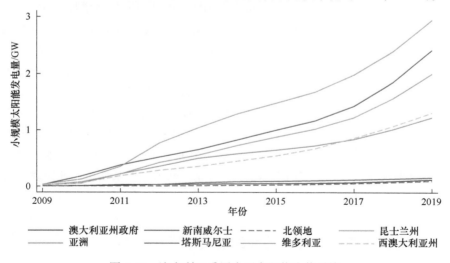

图 5-11　澳大利亚采用小型太阳能光伏系统

此图提供了澳大利亚各州小型太阳能光伏系统的累计装机容量。该数字是根据澳大利亚清洁能源监管机构（2020）的原始数据产生的。北领地（NT）和西澳大利亚州（WA）都用虚线表示，因为它们不是 NEM 的一部分

⊖　这些小规模 PV 系统的容量必须小于 100kW，每年的产量必须低于 250MW 时，才能符合条件。

　　澳大利亚的州政府对上网电价和电网计量安排的有效性进行监管。2008 年，澳大利亚首都地区通过了《电力接入（可再生能源溢价）法案》，以便为中小型分布式太阳能发电机建立补偿方案。该方案适用于 2009 年 3 月 1 日至 2016 年 12 月 31 日期间安装的系统。该计划允许用户在系统安装后的 20 年内获得上网电价支付。澳大利亚首都地区电价计划提供的总发电量支付费率高于市场价值（澳大利亚首都地区政府，2018）。未达到参保时限的消费者仍可通过电力零售商参加电价计量计划。在 2015—2018 年期间，在上网电价方案下的发电机总共生产了 122.8GW·h 的电力，平均支付了 380.88 澳元 /（MW·h）的上网电价。除了在该方案下安装的 32.9MW 的容量外，还安装了 42MW，并根据与零售商的净计量协议收费。

　　在 2013—2019 年期间，新西兰的分布式太阳能发电能力从略高于 8MW 增加到约 114MW（新西兰电力管理局，2020）。虽然新西兰的零售商没有被要求从这些分布式发电机购买多余的电力，但许多零售商会这么做（新西兰电力管理局，2013）。截至 2021 年 4 月，电价一般在 0.07 ~ 0.12 新西兰元 /（kW·h）。新西兰的大部分分布式太阳能发电能力是由 10kW 容量的小型系统组成的。到 2019 年底，容量大于 10kW 的系统中只有约 18MW 的容量。

　　中国"十三五"规划的目标是到 2020 年达到 60GW 的分布式太阳能发电能力（IEA，2019c）。到 2018 年底，刚刚安装了超过 50GW，主要是在商业和工业部门。IEA 预测，2018—2024 年，中国的分布式太阳能发电装机容量将增长 300% 以上，届时中国的装机容量将占全球的 40%。此外，根据国际能源署的能力预测和联合国的人口预测，到 2024 年，中国将从人均安装数量的第 14 位上升到第 12 位。根据世界资源研究所的数据，分布式太阳能在中国的增长速度快于公用事业规模的太阳能（Yuan 等人，2018）。这些分布式太阳能主要安装在中国东南部省份。

　　2011 年，日本政府通过立法，强制实施日本分布式能源发电市场的上网电价⊖。2018 年，日本是第四大人均安装国家，也是前十名中唯一的亚洲国家。预计到 2024 年，日本将跌至第五位，被荷兰超越（IEA，2019a；联合国，2020）。亚洲和大洋洲地区剩余的约 5GW 容量包括印度、印度尼西亚、韩国、巴基斯坦、菲律宾、泰国和越南的系统（IEA，2019a）。

5.2.4　分布式太阳能在拉丁美洲的发展

　　根据国家可再生能源实验室的数据，墨西哥的目标是到 2024 年可再生能源比例达到 35%（Zinaman 等人，2018）。截至 2019 年 6 月，墨西哥已安装的分布式太阳能

　　⊖　这项立法是《关于由电力公司从可再生能源采购电力的特别措施法》，该法案于 2012 年生效。

发电能力略低于 700MW（Zarco，2019）。这一容量约占墨西哥 4GW 太阳能总装机容量的 17%。墨西哥的分布式太阳能市场正在快速增长，在 2018 年 12 月至 2019 年 6 月期间增长了 22%（Zarco，2019）。参与墨西哥分布式太阳能市场的消费者可以通过全买、全卖、年度净计量或实时自我消费安排获得补偿（IEA，2019c）。

巴西国家电力局在 2012 年通过了一项立法，制定了分布式发电机的净计量规则。该规定最近在 2015 年更新，允许用户获得除个人消费以外能源的电费抵免，这些抵免可持续 60 个月。截至 2020 年 1 月，巴西已经安装了超过 2GW 的分布式太阳能发电能力。巴西还对小型太阳能光伏装置征收 20% 的增值税，这有助于推动部署（IEA，2019c）。

虽然其余的拉美国家几乎没有开始安装分布式太阳能，但 IEA 预测，在未来四年里，这种情况可能会发生巨大变化。根据 IEA 的预测（IEA，2019c），由于阿根廷、巴西和智利的新补偿政策，到 2024 年，拉丁美洲的住宅分布式太阳能容量将增长近 600%。

5.3　动态定价的采用范围

由智能电表收集的高分辨率电能消耗数据的出现，为全球各地的动态定价计划铺平了道路。智能电表提供的丰富信息使用户可以修改其用电量的时间和幅度，并允许公用事业公司根据此间隔消费数据向用户收费。之前概述了在 4.3 节中存在的动态定价计划的类型。重申一下：我们不认为使用 TOU 关税是"动态的"，因为正如在 4.3.2 节中所讨论的，它们只是在一天中不同时间分配到不同的固定价格关税。所以，它们不能用于实时管理供需平衡，因为它们不能随批发市场每小时的价格而变化。然而，我们还讨论了 TOU 的采用，因为它经常被吹捧为动态定价的前身，尽管支持这一逻辑经验证据有限。

5.3.1　美国、加拿大采用动态定价

自 20 世纪 70 年代以来，美国一直在试验先进的关税安排，当时国会于 1978 年通过了《公共事业监管政策法案》（Public Utility Regulatory Policies Act，PURPA）（美国能源部，2016），在试点基础上采用了 TOU 计划。然而，当时所需智能电表的成本太高，不值得大规模采用动态定价。几十年后，美国《再投资和复苏法案》拨出的资金推动了首次大规模将用户纳入动态定价计划的努力。美国能源部利用这一机会实施其消费者行为研究计划，其中十家公用事业公司与能源部合作，研究临界峰值定价、可变峰值定价和临界峰值折扣采用的结果（美国能源部，2016）。

尽管 SGIG 资助的项目十多年前就开始了，但动态定价的采用仍处于起步阶段。到 2019 年，24 个州和哥伦比亚特区在 TOU 或动态定价中登记了不到 1% 的用户。在全国范围内，只有大约 7.1% 的电力用户参加了这些类型的计划。在 2015—2019 年的大部分时间里，交通运输部门一直保持着最高的先进关税注册率。然而，工业部门的注册率从 2018 年的 7.8% 大幅增长到 2019 年的 18% 以上，超过了交通部门的 15.7%（美国能源信息署，2020a）。尽管住宅部门一直是先进计量基础设施的主要采用者，但在过去四年的可用数据中，TOU 和动态定价的注册率仍然较低。图 5-12 显示了 2015—2019 年国家级市场的普及率以及按用户部门划分的全国普及率。只有十个州的市场普及率高于全国水平。马里兰州是先进关税的主要采用者，2019 年约 69% 的用户参加了某种类型的先进定价计划（包括 TOU）（美国能源信息署，2020a）。动态定价程序采用率低的一个主要因素是缺乏区间计量技术，但在有区间计量的地区，更重要的是有一个有吸引力的默认价格选项的可用性，正如在第 7.2 节中讨论的。

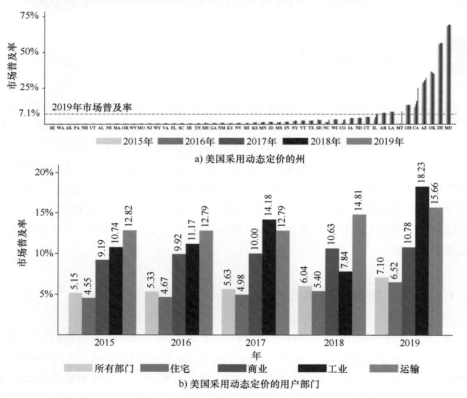

图 5-12　美国动态定价计划的采用

a）显示了 2015—2019 年每个州所有部门动态定价的市场普及率；

b）显示了每个终端用户部门动态定价的市场普及率。两幅图都采用了 EIA 年度电力工业部门报告（美国能源信息署，2020a）。将市场普及率定义为每个州（或部门）加入动态定价的用户数量除以该州或部门的用户总量

2019 年，美国只有九家公用事业公司提供住宅实时定价（Real-Time Pricing，RTP）（低于 2015 年的 16 家）。伊利诺伊州最大的电力公司 Commonwealth Edison（ComEd）是一家提供住宅实时定价的主要公用事业公司。"小时定价"程序遵循 PJM 实时的小时市场价格，将这些价格传递给用户，没有加价。因为实时小时定价是 PJM 每小时 12 个 5 分钟价格的平均值，由于 PJM 实时市场的小时价格需要对 12 个 5min 的电价进行平均计算求得，因此市场价格只有等这个小时过去了才能确定。消费者则可以将 PJM 日前市场的小时价格作为替代的参考来决定用电负载。对工商业用户而言，RTP 在美国被更广泛地使用，2019 年有 63 家企业提供商业 RTP 服务，73 家企业提供工业 RTP 服务（美国能源信息署，2020a）。⊖

2019 年，可变峰值定价（VPP）在美国也相对罕见，只有六家公用事业公司向住宅用户提供 VPP 费率。2015—2018 年间，提供工业 VPP 计划的公用事业公司数量从 14 家下降至 11 家，2019 年回升至 14 家（美国能源信息署，2020a）。新英格兰地区最大的能源供应商先锋公司自 2008 年以来一直提供 VPP 费率计划⊜。在这个方案下，非高峰价格按月确定，可变的高峰价格按日确定。图 5-13 说明了 VPP 价格在夏季月份（如 6 月）的变化情况⊜。在这个例子中，该月的最高峰值价格比恒定的非峰值价格 0.06311 美元 /（kW·h）高出 67%，最低峰值价格比恒定的非峰值价格高 35%。

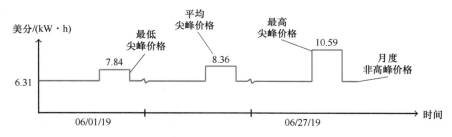

图 5-13　2019 年 6 月先锋公司 VPP 价格区间

该图显示了 2019 年 6 月采用先锋公司方案的历史数据显示的可变峰值定价。红色表示的尖峰价格发生在中午到晚上 8 点期间（2020 年会议）

临界峰值定价（CPP）最近的可用性有所增加。与 RTP 计划一样，CPP 计划更常提供给商业和工业用户。尽管如此，2019 年仍有 31 家公用事业公司提供住宅 CPP 计划，15 家提供住宅 CPR 计划（美国能源信息署，2020a）。巴尔的摩燃气电力公司（Baltimore Gas and Electricity，BGE）是为数不多的提供 CPR 计划的公用事业公司之一。加入 BGE CPR 计划的用户最多在六个关键高峰日收到警报，并在下午 1 ~ 7 点期间，每降低 1kW·h 的正常消耗，就可获得 1.25 美元的信贷（巴尔的摩燃气电力公

⊖　这些实用程序计数不包括尖端的受访者。更多相关信息请参见附录。

⊜　能源之前称为康涅狄格照明和电力公司。

⊜　先锋公司的 VPP 附文没有详细讨论这些价格是如何确定的，只是说根据公司的 TOD 费率取代了固定的每月变化的高峰发电服务费。

司，2019）。圣地亚哥燃气和电力公司（San Diego Gas and Electric，SDG&E）向其用户提供 CPP 定价方案，其中关键高峰期在下午 2 ~ 6 点之间。本计划中的 CPP 时段与 SDG&E 的 TOU 计划中的高峰时段（下午 4 ~ 9 点）重合，因此用户必须小心，他们将在下午 4 ~ 6 点期间同时收取高峰时段和 CPP 时段的费用，导致这段时间的消费价格极高。SDG&E 允许用户使用"容量预留"策略对冲 CPP 事件的风险。用户可以预定一定数量的能源，这些能源将被预留，在活动当天不受 CPP 价格的影响。

2012 年，安大略省成为北美第一个采用分时使用定价作为默认定价的司法管辖区。在采用后的四年内，注册率达到了 89%（Faruqui 等人，2016）。除了分时定价外，加拿大电力公司似乎很少采用先进的电价。Board 等人（2007）描述了该省早期动态定价实验的结果。

5.3.2 欧洲采用动态定价

目前，16 个欧盟成员国的电力消费者可以签署实时电价合同，并在当天、工作日和周末进行能源价格区分。在八个成员国中，电力消费者可以选择实时或每小时的能源价格。处理智能设备操作的动态关税仅在五个成员国可用（见图 5-14）。为了促使更多采用动态定价，欧盟清洁能源一揽子计划要求成员国确保用户能够获得动态定价（Hussain 和 Torres，2019 年）。

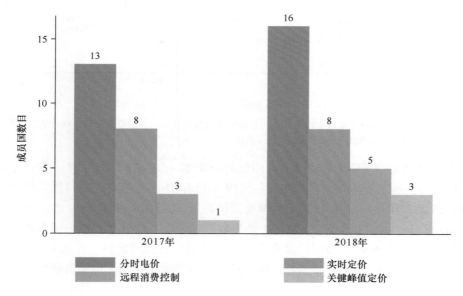

图 5-14　在欧洲采用先进关税安排

该图显示了欧盟成员国的 TOU、RTP、CPP 和远程消费控制安排，该数字是使用 ACER 和 CEER（2018，2019）中的信息生成的

在 20 世纪 90 年代初，最初的电力联营市场设计期间，英国是商业和工业用户实时定价的早期采用者。电力零售商 Midlands Electric 向这些用户收取半小时的联营电价和动态传输费用，该费用是根据一年中三个最高系统高峰期间用户需求的平均值评估的。Patrick 和 Wolak（2001）估计了中部电力实时定价计划中商业和工业用户样本的半小时自有价格和交叉价格需求弹性。作者发现，对于不同行业群体的不同用户，一天中和一天中不同时间的价格反应模式存在显著差异。价格响应度最大的行业群体是当地的供水和污水处理公用事业公司，它们通常必须每天一次集中使用水泵，而且会在一天中价格最低的半小时内这样做。

虽然斯堪的纳维亚国家已经广泛采用智能电表，但大多数用户仍然按月而不是按日收费（Hussain 和 Torres，2019）。另一方面，西班牙和意大利已经将动态定价作为默认选项。到 2019 年，近 40% 的西班牙住宅用户采用动态定价计划（Hussain 和 Torres，2019）。包括商业消费者在内，75% 的西班牙最终能源消费是动态定价的（Boeve 等人，2018）。布拉特集团的一项研究表明，在英国，成功的选择加入服务可能只吸引 20% 的用户，而当在选择退出的基础上部署时，80% 或更多的用户可能仍然登记在动态定价计划中（Hledik 等人，2017）。

如图 5-15 所示，能源成本通常只占欧洲消费者实际零售价格的一小部分。资助州预算和监管活动的税收可以构成能源费用的很大一部分（Boeve 等人，2018）。税收部分由每个成员国都必须缴纳的消费税组成。对于家庭来说，消费税必须至少为 1 欧元 /（MW·h），对于其他消费者来说，必须至少是 0.5 欧元 /（MW·h）。从历史上看，网络成本占欧洲家庭零售价格的 15% ~ 51%（Boeve 等人，2018）。

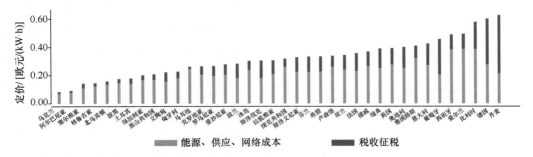

图 5-15　2018 年欧洲家庭平均电价

　　该数字是使用欧盟统计局（2020）的原始数据产生的。我们使用每年消耗 2.5 至 5 兆瓦时的家庭的价格

西班牙采取了一种新的方法来应对零售价格中非能源部分带来的挑战。网络成本和税费被汇总到一个"接入费率"部分，该部分是灵活的，随着能源部分的变化而变化。虽然商业用户的接入费率是根据使用时间而变化的，但住宅用户却受益于该费用的动态实时变化。

5.3.3　澳大利亚、新西兰、亚洲采用动态定价

在维多利亚州以外，澳大利亚的智能电表部署仍处于早期阶段，阻碍了大规模采用动态定价计划的努力。尽管如此，在2017年启动全国智能电表推广的"选择的力量"计划，已经促使一些公用事业公司开始尝试非传统电价。2018年，大多数澳大利亚用户仍然参加了由日常供应和固定使用费组成的标准电价计划。根据澳大利亚的选择权改革，分销商现在被要求向用户提供更好地反映成本的定价方案。TOU和CPP定价都符合这一要求。截至2018年，大多数网络都在选择加入的基础上提供智能资费计划，只有12%的小用户注册。大多数注册者都参与了TOU，而不是动态定价（AER，2018）。AER报告称，大多数有权选择加入计划的消费者并没有选择采用新的定价方案。正如7.2节中提到的，这一结果可能是由于维多利亚州的固定默认报价水平。

新西兰是智能计量基础设施市场普及率最高的国家之一（2017年为73.1%），因此动态电价潜力巨大。在过去十年中，新西兰电力局研究并鼓励先进的动态定价计划，约75%的分销商已开始提供TOU计划（新西兰电力局，2019）。然而，电力局指出，许多分销商认为TOU计划已经足够，并避免研究动态定价方案。当局正在鼓励经销商探索其他形式的有效定价。

中国早在2010年就开始试验弹性关税（Kang和Jia，2011）。由于商业和工业部门消耗了中国如此大的一部分能源（2011年为70%），TOU首次引入这些终端。Kang和Jia（2011）报告称，中国南方的工业峰谷分时电价计划包括峰谷电价、平峰电价（非峰谷电价）和谷峰电价（超非峰谷电价），其中谷峰电价比峰谷电价低68%左右，比非峰谷电价低48%左右。住宅用户也获得了这些类型的智能关税安排。最近，中国采用了专门针对电动汽车充电的分时电价计划（Hover和Sandalow，2019）。

5.3.4　拉丁美洲采用动态定价

拉丁美洲采用间隔电表的缓慢，阻碍了该地区采用动态定价计划的能力。虽然墨西哥的能源市场随着引入了批发电力市场而自由化，但似乎没有多少人采用动态定价。联邦电力委员会不为其用户提供动态定价方案，而是向一些用户提供具有基本费率、中间费率和峰值费率的使用时间计划，主要是那些需求较大的工业部门的用户。此外，其中一些计划因各地区夏季平均气温而不同。同样，巴西最灵活的关税是使用时间关税，它区分了三种不同的需求期类别（高峰、中间时间和非高峰）。高峰时间、中间时间和非高峰时间由巴西国家能源机构ANEEL批准，并对每个经销商进行定期关税审查，平均每五年进行一次。目前，公众正在协商讨论引入更灵活的关税和净计量。

5.4 需求响应计划的采用范围

在电力公司或电网运营商的提示下，需求响应计划鼓励临时削减消费者的电力需求（持续几分钟到几小时）。一般来说，参加需求响应计划的消费者在用电高峰期间减少能源消耗时会得到经济奖励。从这个意义上说，需求响应类似于一个关键的高峰折扣定价计划。在美国，2019 年有 7.1% 的用户参加了需求响应计划，高于 2018 年的 6.4%（美国能源信息署，2020a）。图 5-16 显示了美国采用需求响应的州级和全国性趋势。

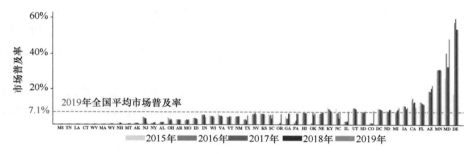

a) 美国州级需求响应项目应用情况

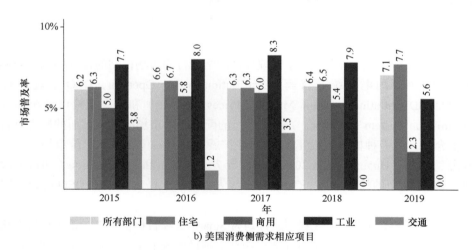

b) 美国消费侧需求相应项目

图 5-16　美国采用的需求响应趋势

a）显示了 2015—2019 年各州所有部门的需求响应项目的市场普及率；

b）显示了在每个终端使用用户部门的动态定价的市场普及率，以及总的全国范围内的市场普及率。两幅图都是使用国际能源署年度电力行业报告（美国能源信息署，2020a）的原始数据生成的。将市场普及率定义为每个州 / 部门参与需求响应的用户数量除以该州或部门 / 部门的用户数量

南加利福尼亚州爱迪生公司（Southern California Edison's，SCE）的需求住宅需求响应计划是为夏季的负载管理而设计的，并专门设计为允许 SCE 远程关闭用户的空调设备。用户还可以添加选项来覆盖需求响应事件。根据该计划，SCE 每天最多可以关闭用户的空调设备 6 个小时。用户根据其空调装置的"连接吨位"获得补偿[一]。用户每连接一吨中央空调可获得 0.066 ~ 0.262 美元的收入，这取决于他们将是否系统控制权交给 SCE[二]。

2015—2019 年，全国需求响应计划报告的节能量从 1.25TW·h 增加到 1.46TW·h（美国能源信息署，2020a）。此外，国际能源署报告了美国需求响应的潜在和实际峰值需求节约的数据。每个公用事业的潜在节约指的是如果在系统高峰时间调用所有需求响应时可能出现的总需求节约。实际高峰需求节约是在每个电力公司的年度系统高峰时间通过需求响应活动实际实现的需求减少。2015—2019 年间，潜在节约量从约 33GW 降至 31GW。2019 年，实现了 36.5% 的潜在峰值需求节约，比 2018 年 40% 的成就有所下降（美国信息能源署，2020a）。

根据国际能源署（2019d）的数据，2018 年全球需求响应能力扩大了 4%。国际能源机构指出，电动汽车充电需求响应可能提供的潜在灵活性目前尚未开发，可以在全球范围内提供高达 2GW 的需求响应能力。

5.5　第三方接入配电网规则

最近有大量的学术研究解决了管理分销网络运行的市场机制的设计问题。Kristov 等人（2016）对配电系统运营商（Distribution System Operator，DSO）、配电位置边际价格（Distribution Location Marginal Prices，DLMP）和独立于输电系统运营商（Transmission System Operator，TSO）运行的配电网络市场的其他方面的概念进行了非技术介绍。另一种模型假设 TSO 合并并扩展其现有的位置边际定价市场，向下延伸到分销网络。Huang 等人（2014）、Bai 等人（2017）和 Papavasiliou（2017）讨论了独立 DSO 模型的技术方面。Caramanis 等人（2016）提出了 TSO/DSO 组合方案的技术细节。

欧盟"地平线 2020"研究和创新计划为 SmartNet 项目提供资金，该项目旨在比较 TSO-DSO 协调方案，以确定从分布式资源获取辅助服务的最佳实践。SmartNet 项目考虑了五种 TSO-DSO 安排：①集中辅助服务市场；②地方辅助服务市场；③共享平衡责任辅助服务市场；④共同 TSO-DSO 市场；⑤综合灵活性市场（SmartNet，2019）。

　　[一]　乘以幂因数，然后加上 0.09 来进行舍入。中央空调单元的功率通过乘以电压（VOLT）和电流（电流或 AMP）来确定。

　　[二]　SCE 估计，这些节省每年可以累积到 35 ~ 140 美元之间。

　　"集中式辅助服务市场"模式依赖 TSO 来操作传输和分配相关资源的市场。由于 DSO 在这个模型中没有发挥太大作用，而且 TSO 也没有考虑到 DSO 的约束，因此可能有必要让 TSO 参加"资格预审"过程，以保证其行动不会因拥塞或其他问题给 DSO 造成额外的压力。然而，总体而言，在该方案（SmartNet，2019）中，TSO 在灵活性资源分配方面最终得到优先考虑。这种集中式市场模式的替代方案是"地方辅助服务市场"方案。在这种模式中，DSO 管理一个当地的灵活市场，一旦当地市场出清，DSO 将出价转移到 TSO 进行进一步的平衡。这确保了 DSO 的局部约束在 TSO 介入之前得到解决。从这个意义上说，DSO 在分配灵活性时是优先考虑的。

　　SmartNet（2019）还讨论了"共同平衡责任"模型的潜在实现，其中包括 TSO 和 DSO 的参与。在这里，TSO 和 DSO 同意一个预先确定的时间表，然后各自在自己的水平上平衡市场，同时尊重协议。在这种情况下，DSO 连接的资源不提供给 TSO 平衡。另一种略有不同的模式涉及"通用的 TSO-DSO 辅助服务市场"，在这个市场中，传输和分配两层连接的资源可以在同一个市场中提供。在这种情况下，如何分配这些资源的选择归结为最小化总系统成本（SmartNet，2019）。最后，SmartNet 项目考虑了一个"综合灵活市场"模型，在这个模型中，受监管的 TSO 和 DSO，除了非受监管方和商业参与者，都参与由中立市场运营商运行的拍卖。在这种情况下，没有给予任何市场参与者优先权，资源最终流向出价最高的人。选择实施哪种方案最终取决于调整监管框架的意愿。目前的市场最类似于中央市场，在这里 TSO 享有优先权。

参考文献

ACER, CEER (2018) Annual report on the results of monitoring the internal electricity and natural gas markets in 2017. Technical report, Agency for the Cooperation of Energy Regulators & Council of European Energy Regulators

ACER, CEER (2019) Annual report on the results of monitoring the internal electricity and natural gas markets in 2018. Technical report, Agency for the Cooperation of Energy Regulators & Council of European Energy Regulators

Alejandro L, Blair C, Bloodgood L, Khan M, Lawless M, Maheen D, Schneider P, Tsuji K (2014) Global market for smart electricity meters: government policies driving strong growth. Technical report, US International Trade Commission, Working Paper No. ID-037

Australian Capital Territory Government (2018) 2017–18 annual feed-in tariff report. Technical report, Australian Capital Territory Government

Australian Clean Energy Regulator (2018) Small-scale renewable energy scheme. http://www.cleanenergyregulator.gov.au/RET/About-the-Renewable-Energy-Target/How-the-scheme-works/Small-scale-Renewable-Energy-Scheme. Accessed 25 May 2021

Australian Clean Energy Regulator (2020) Postcode data for small-scale installations. http://www.cleanenergyregulator.gov.au/RET/Forms-and-resources/Postcode-data-for-small-scale-installations. Accessed 11 February 2020

Australian Energy Market Commission (2015) Expanding competition in metering and related services, rule determination

Australian Energy Regulator (2016) Final decision: AMI transition charges applications

Australian Energy Regulator (2018) State of the energy market 2018. Technical report, Australian Energy Regulator

Aznar A (2017) Back to basics: unraveling how distributed generation is compensated and why it's important. Technical report, National Renewable Energy Laboratory

Bai L, Wang J, Wang C, Chen C, Li F (2017) Distribution locational marginal pricing (DLMP) for congestion management and voltage support. IEEE Trans Power Syst 33(4):4061–4073

Baltimore Gas & Electric (2019) Energy savings days. https://www.bge.com/WaystoSave/ForYourHome/Pages/EnergySavingsDays.aspx. Accessed 25 May 2021

Binz R, Bracho R, Anderson A, Coddington M, Hale E, Ingram M, Martin M, Mendoza I, Normark B, Olofsson M, O'Neill B, Statwick P, Speer B (2019) A report on the implementation of smart grids in Mexico. Technical report, National Renewable Energy Laboratory

Board OE et al (2007) Ontario energy board smart price pilot final report. Technical report, Ontario Energy Board

Boeve S, Cherkasky J, Bons M, Schult H (2018) Dynamic electricity prices. Technical report, ECOFYS

Business Wire (2018) Arm drives smart utilities for KEPCO's behind the meter project. Bus Wire

Caramanis M, Ntakou E, Hogan WW, Chakrabortty A, Schoene J (2016) Co-optimization of power and reserves in dynamic T&D power markets with nondispatchable renewable generation and distributed energy resources. Proc IEEE 104(4):807–836

Deloitte (2011) Advanced metering infrastructure cost benefit analysis. Technical report, Deloitte, submitted to the Victorian Department of Treasury and Finance

Delos Delta (2018) The smart meter revolution: how Australia fell behind, and how we can get back on track. Technical report

DSIRE (2020) Net metering. http://www.dsireusa.org/resources/detailed-summary-maps/. Accessed 8 June 2021

Eurostat (2020) Electricity prices for household consumers—bi-annual data (from 2007 onwards) dataset. https://ec.europa.eu/eurostat/web/energy/data/database. Accessed 27 March 2020

Eversource (2020) Variable peak pricing history dataset. https://www.eversource.com/clp/vpp/vpphistory.aspx. Accessed 6 March 2020

Faruqui A, Lessem N, Sergici S, Mountain D, Denton F, Spencer B, King C (2016) Analysis of Ontario's full scale roll-out of TOU rates—final study. Technical report, The Brattle Group

Gunderson V (2017) 2017 smart grid top markets report. Technical report, U.S. International Trade Administration, U.S. Department of Commerce

Gunderson V (2019) 2018 smart grid top markets report. Technical report, U.S. International Trade Administration, U.S. Department of Commerce

Hledik R, Gorman W, Irwins N, Fell M, Nicolson M, Huebner G (2017) The value of TOU tariffs in Great Britain: insights for decision-makers, volume i: Final report. Technical report, The Brattle Group

Hover A, Sandalow D (2019) Electric vehicle charging in China and the United States. Center on Global Energy Policy, SIPA, Columbia University, Tech. rep

Huang S, Wu Q, Oren SS, Li R, Liu Z (2014) Distribution locational marginal pricing through quadratic programming for congestion management in distribution networks. IEEE Trans Power Syst 30(4):2170–2178

Hussain A, Torres MP (2019) Time to pick up pace of dynamic electricity pricing. Front Econ

IEA (2019a) Iea market report series - renewables 2019. Provided by IEA

IEA (2019b) Iea renewables information statistics: OECD—net capacity of renewables. Retrieved from the OECD iibrary. Accessed 8 April 2020

IEA (2019c) Renewables 2019 analysis and forecast to 2024. Technical report, International Energy Agency

IEA (2019d) Tracking energy integration. Technical report, International Energy Agency

Kang C, Jia W (2011) Transition of tariff structure and distribution pricing in China. Technical report, Institute of Electrical and Electronics Engineers

Kristov L, De Martini P, Taft JD (2016) A tale of two visions: designing a decentralized transactive electric system. IEEE Power Energy Mag 14(3):63–69

New York State Senate (2019) New York senate bill s6599

New Zealand Electricity Authority (2010) Guidelines on advanced metering infrastructure: Version 3.1. https://www.ea.govt.nz/dmsdocument/8573-guidelines-on-advanced-metering-infrastructure

New Zealand Electricity Authority (2013) Regulating New Zealand's small-scale distributed generation: Fact sheet 7. https://blob-static.vector.co.nz/blob/vector/media/documents/electricity-authority-fact-sheet-7.pdf

New Zealand Electricity Authority (2019) Distributors' pricing 2019 baseline assessment. Technical report, New Zealand Electricity Authority

New Zealand Electricity Authority (2020) Electricity market information: Installed distributed generation trends dataset. https://www.emi.ea.govt.nz/Retail/Reports/GUEHMT?DateFrom=20130901&DateTo=20191231&MarketSegment=All&Capacity=All_Total&FuelType=solar&Show=Capacity&_rsdr=ALL&_si=vl3. Accessed 3 February 2020

Nielsen S (2012) Power theft spurs demand for smart meters at Brazilian utilities. Bloomberg News

Papavasiliou A (2017) Analysis of distribution locational marginal prices. IEEE Trans Smart Grid 9(5):4872–4882

Patrick RH, Wolak FA (2001) Estimating the customer-level demand for electricity under real-time market prices. Tech. rep., National Bureau of Economic Research. http://web.stanford.edu/group/fwolak/cgi-bin

Research and Markets (2019) China smart meter industry report, 2019–2025. Research and Markets

Rowlands-Rees T (2018) Smart meters to become $21 billion global market in 2019. Bloomberg New Energy Finance Retrieved from the Bloomberg Terminal

Singh RK, Upadhyay A (2018) India to issue second tender for 5 MLN smart meters this month. Bloomberg News Retrieved from Bloomberg Terminal

SmartNet (2019) TSO-DSO coordination for acquiring ancillary services from distribution grids. Technical report, SmartNet

Tractabel (2019) Benchmarking smart metering deployment in the EU-28. Technical report, Tractabel

United Nations (2020) World population prospects 2019. https://population.un.org/wpp/Download/Standard/Population/. Accessed 11 February 2020

US DOE (2012) Smart grid investment grant progress report. Technical report, United States Department of Energy

US DOE (2013) Smart grid investment grant progress report ii. Technical report, United States Department of Energy

US DOE (2016) Customer acceptance, retention, and response to time-based rates from the consumer behavior studies. Technical report, United States Department of Energy

US DOE (2017) Sunshot 2030 fact sheet

US DOE (2018) 2018 smart grid system report. Technical report, United States Department of Energy

US DOE (2020a) Guide to the federal investment tax credit for commercial solar photovoltaics

US DOE (2020b) Homeowner's guide to the federal tax credit for solar photovoltaics

US EIA (2015) The number of electric smart meters operating in two-way mode has surpassed the number of one-way smart meters. Electr Month Update

US EIA (2017) Form EIA-861 Annual electric power industry report instructions. Included with the Form EIA-861 detailed data files

US EIA (2019) How many smart meters are installed in the United States, and who has them? https://www.eia.gov/tools/faqs/faq.php?id=108&t=3. Accessed 25 May 2021

US EIA (2020a) Annual electric power industry report, Form EIA-861 detailed data files. https://www.eia.gov/electricity/data/eia861/. Accessed 30 October 2020

US EIA (2020b) Form EIA-860 detailed data with previous form data (EIA-860A/860B). https://www.eia.gov/electricity/data/eia860/. Accessed 10 October 2020

VAGO (2015) Realising the benefits of smart meters. Tech. rep., Victoria Auditor-General's Office

Yuan M, Hong M, Zhang M (2018) Distributed solar PV in China: growth and challenges. World Resources Institute

Zarco J (2019) Mexico reaches 4 GW milestone. PV Mag

Zinaman O, Aznar A, Flores-Espino F, Garza AT (2018) The status and outlook of distributed generation public policy in Mexico. Technical report, National Renewable Energy Laboratory

第 6 章

提供配电网络服务的技术

间隔电表系统

间隔电表的主要优点是能够在计费周期内，以小时或者短期间隔的方式，测量消耗的电能。这使得电力零售商能够在时间粒度上测量流经消费者的电能，并对此进行定价。分段计量的许多功能都运用于全球市场，随着时间的推移，人们对间隔电表功能有了新的要求。本节将重点介绍智能电表用于实现电网现代化的其他优点。

6.1.1　技术规范

在美国，智能电表通常融合了家庭局域网络（Home Area Network，HAN）、直接负载控制（Direct Load Control，DLC）或每日数字访问（Daily Digital Access，DDA）的功能。图 6-1 说明了 2015—2019 年这些功能的应用趋势。HAN 是一种软件和硬件组件的组合，可以让智能电表与用户住宅中的设备进行通信。DLC 是一种需求响应部署，支持电网运营商远程即时关闭耗能设备。这使得运营商可以管理网络负载，而不必依赖用户对价格信号的反应。最后，DDA 为用户提供了一种访问日常用电数据的方法，这种方法通常借助于门户网站（美国能源信息署，2017）实现。到目前为止，DDA 是美国消费者最常使用的功能，2019 年，实现了超过 33% 的市场普及率。DLC 和 HAN 的应用并不常见，但据过去五年的显示，两者依旧受到关注。

表 6-1 列出了这些功能。（a）和（b）的功能与用户直接相关，如果用户和电能供应商愿意，则可向其提供消费数据（至少 15min 的速率）。这种信息的更新对于用户有效管理自己的消费，以及整个电力网络而言是绝对有必要的。这与美国的日常数据接入相似。这两个功能结合（f）支持先进的定价结构（如动态定价），并可能通过降低电能需求峰值来实现能源效率和节约成本。大多数成员州要求收集安全数据，并支持先进的关税体系（ACER 和 CEER，2019）。各成员州的报告间隔时间也不同，但大多数州要求最长为 15min，一些州允许 30min 和 1h 的报告间隔（ACER 和 CEER，2019）。只有 6 个州允许用户自行选择报告时间间隔。

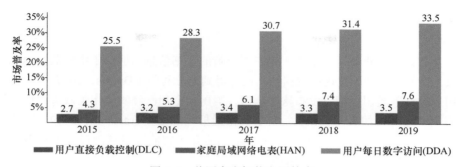

图 6-1　美国家庭智能电网技术

　　该图显示了通过门户网站获取能源使用数据的家庭局域网络（HAN）电表、直接负载控制（DLC）用户和每日数字访问（DDA）用户的市场普及率。这一数据来自国际能源署的《年度电力行业报告》（美国能源信息署，2020）的原始数据

表 6-1　智能电表在欧盟的功能（这张表是 Tractabel（2019）图 27 中信息的再现）

相关方	要求
用户	（a）直接向消费者和 / 或任何第三方提供读取数据 （b）经常更新读数，以便采用节能方案
电能计量运营商	（c）支持操作人员远程读取数据 （d）网络维护和电能控制方提供双向通信 （e）支持经常读数，以便网络按计划正常运营
商业的供应因素	（f）支持先进的关税体系 （g）远程开 / 关控制电源和 / 或电源电流限制
数据安全保护	（h）提供安全数据交流 （i）预防和探测数据欺诈
分布式发电	（j）提供进出口和反应电能计量

　　在澳大利亚，国家电力规则和国家能源零售规则宣布：必须应用智能电表（澳大利亚能源市场委员会，2015）。要求涵盖除远程断联、重联和读表服务外的其他服务。澳大利亚能源市场委员会（2015）没有列出详尽的要求清单，为了保持一定水平的竞争，规定"消费者和其他各方将更好地确定他们想要并愿意支付的服务"（澳大利亚能源市场委员会，2015）。

　　智能电表的硬件寿命一般在 10 ~ 20 年之间，这意味着许多国家已经准备在未来十年推出第二代智能电表（Rowlands-Rees，2018）。彭博财经预测，未来十年，政府主导的智能电表投资将转向提升现有电表基础设施。据彭博财经估计，到 2030 年，全世界将有多达 122 亿美元用于替换升级第一代智能电表（Rowlands-Rees，2018）。所需的投资将取决于新的电表是否增添其他功能，导致硬件成本的总体变化不大，或者功能是否会保持不变，成本将继续下降。

6.1.2 用户隐私数据

虽然智能电表收集了大量关于用户用电量的详细信息，但由于维护数据隐私安全需要投入高昂成本，因此这些数据往往没有得到充分利用（Douris，2017）。为避免在未经用户允许下滥用或擅自发布这些数据，美国几个州已经实施相关政策，保障用户隐私安全。此外，如表 6-1 所示，安全数据通信是欧盟（Tractabel，2019）推荐的关键智能计量功能之一。2018 年，17 个成员国遵守了智能计量基础设施安全数据通信的法律规定（ACER 和 CEER，2019）。

通过将用户地址和姓名这些信息与实时电力消耗数据匹配起来，智能电表可以监视用户。由于许多个人设备都有唯一可识别的负载配置文件，所以消费数据可以用来查看住宅使用的设备类型。Eom 和 Wolak（2020）使用韩国小型商户的每小时消费数据，以及用户级别家电持有量调查的结果，恢复家电级负载配置，应对动态电力关税和用电高峰日。Eom 和 Wolak（2020）发现小商户对电价的反应主要体现在他们所谓的重新配置效应，这一效应基于动态电价计划而不是特定的用电高峰日，因为这些小企业难以临时调整工作计划。

执法人员利用这些数据来识别电力消耗模式，判断用户是否使用特殊照明、风扇和通风机从事室内大麻种植。智能电表上的数据显示了特殊的消费特征，可作为证据获得搜查令（Douris，2017；Durkay 和 Freeman，2016）。人们担忧黑客会盗取消费数据，以实施身份盗窃、入室抢劫、跟踪或者其他犯罪（Douris，2017）。例如，获得消费数据可以让犯罪分子掌握用户居家时间，这将使盗窃或跟踪更容易。同时，负载配置可以识别商业活动，从而可以抵御盗取专利信息或者其他形式的商业间谍行为的风险（Douris，2017）。

美国能源部发布了一项名为数据保护的自愿行为准则，为间隔测量仪提供数据保护。这一项目供公共事业单位和三方使用，以便应对由新技术带来的新数据隐私安全的消极挑战。数据安全基于五个安全原则：①用户应得到清晰醒目的隐私相关政策通知；②用户有权授予或撤销第三方对其数据的访问；③用户应有权访问自身数据；④数据应精确，未经授权不得访问；⑤电力公司应自我约束，以实现数据的合规运用（美国能源部，2015）。

美国能源部还协助创建了行业领先的数据门户网站"绿色按钮连接"，该网站允许用户、电力公司和第三方安全地访问能源数据。2018 年，旨在推广绿色按钮连接平台的非营利组织——"绿色按钮联盟"，成为数据保护计划的首批成员之一。"绿色按钮连接"遵循数据保护概述的安全原则，是一个常用的网站，公共事业单位可以通过它安全地与用户和第三方共享数据（绿色按钮联盟，2018）。虽然能源部仅就如何使用消费者数据发布了自愿建议，但美国节能经济委员会（ACEEE）报告称，许多州已经实施了相关法规，规范第三方访问，保护用户数据隐私（ACEEE，2019）。

加利福尼亚州公用事业单位收集的数据受到几条法律的保护。2014 年，美国公共事业单位通过了 14-05-016 号决议，规定第三方获得用户数据的同时，应该保护用户的个人隐私（加利福尼亚州公共事业委员会，2014）。这些规定提出了全面且严格的协议，规定事业单位必须遵循，以便对数据进行处理，确保数据安全。由智能电表获得的任何数据都可以合理用于识别个人、家庭、居民或者非居民用户的行为，不得未经同意泄露给第三方（加利福尼亚州公共事业委员会，2014）。然而，如果公共事业单位遵循《决定》规定，为达到整合数据以及保护数据的目的，那么可以向第三方披露，用于特定的用途，包括学术研究和政府项目。例如，当整合人口普查区块组的居民用户数据时，数据必须清除所有个人识别信息，人口普查区块组必须包括十五个以上的用户，在一个月的时间内，任何用户的电能消耗量不超过区块组电能消耗的20%。这些要求依赖于用户数据的分组级别[一]。

得克萨斯州公用事业法规规定，电表收集的所有数据属于用户（得克萨斯州公用事业单位法规 2014）[二]。如果数据直接影响供电服务或者征求了用户同意，则公共事业单位只能与附属公司或者第三方共享数据。得克萨斯州所有用户都能通过名为"得克萨斯州智能电表"（Smart Meter Texas，SMT）的在线网站获取自己的数据。得克萨斯州智能电表借助"绿色按钮连接"数据平台，为用户提供安全的数据检索体验。

在各州有相关使用数据政策的情况下，政策基本相似。通常情况下，整合数据可以在未经用户准许的情况下与第三方共享（美国节能经济委员会，2019）。与加利福尼亚州的法规类似，整合协议通常规定包含最少的用户账户及单个账户的最大能源份额。获得用户准许的情况下，个人数据可以与第三方共享。如果州法律或者联邦法律要求共享数据，那么这些类型的规定就无法阻止数据的传播（如执法）。

虽然过去十年欧盟一直在推行智能电表，但是智能电表数据隐私最近才在 2019年 6 月重新颁布的《电力指令》中得到巩固（Riemann，2019）。从欧盟数据保护监督者和数据保护工作小组多年的研究和提出的政策建议中，《电力指令》规定智能电表收集的数据应该符合欧盟 2016/679 规定（Riemann，2019）。这些规定表明，在欧盟个人数据不仅仅涉及用电细节信息，而且属于个人隐私。根据规定，一般情况下，用户数据未经允许不得共享。

　[一]　更多的信息可以查询加州公共事业守则第五章 8380-8381。

　[二]　得克萨斯州公共事业守则第 39 章 107（b）：所有通过先进计量设备采集的和计量信息网络上的计量数据应当有对应的用户，包括用于计算服务费用的数据、历史负载数据，或是其他所有的用户数据。用户可以在规则或委员会通过的条款下授权一个或多个零售商获取其数据。

6.2 网络监管体系

网络监管的进步为美国配电商节省了数百万美元的运营和配电成本（美国能源部，2016）。这些技术在很大程度上是由智能传感器实现的，智能传感器能记录实时数据，并发送给配电网络运营商。与这些智能传感器相关的成本大幅度下降，使得自动化技术可以纳入配电网络中。美国能源部在 2009—2016 年期间统筹规划了 60 多个试点项目，以测试新的配电自动化技术的有效性。这些项目的资金主要来自于 2009 年《美国复苏与再投资法案》中的 SGIG[⊖]。

智能设备具备故障定位、隔离和恢复（Fault Location, Isolation, and Service Restoration, FLISR）技术，用于快速高效解决配电网络中出现的故障，或彻底避免故障。当配电网络出现故障时，通过远程传感器检测并定位异常电压或者电流。随后，自动馈线开关将打开故障处上下流的电流隔离故障。一旦故障被隔离，网络监管体系通过将电能转移到完整的馈线上恢复服务。这些自动、快速（通常在 1min 内）的行动，极大缩短了停电时间，减少相关影响（美国能源部，2016）。

配电自动化也可以通过监测和控制电压和无功功率，减少对敏感电子设备的资本资产的压力（美国能源部，2016）。自动化电压控制可以减少电路损耗、高峰需求、停电成本、能源账单和劳动力需求，并提高功率系数，保障电力稳定供应及节能。SGIG 的 38 家公用事业单位采用了节能降压（Conservation Voltage Reduction, CVR），一种依赖于智能传感器和馈线的降压技术实现了峰值需求降低 1% ~ 3%（美国能源部，2016）。

先进监测和控制设备的另一个关键好处是能够主动识别状况不佳的配电设备。智能传感器收集温度、油、水位或系统压力相关数据，向电网运营商报告实时数据，并与诊断设备协同工作，以确定是否需要预防性维护（美国能源部，2016）。在 SGIG 项目期间，佛罗里达电力与照明公司在其配电网的变压器上安装了智能监测设备，随后识别了严重的潜在变压器故障，佛罗里达电力与照明公司主动更换了该装置，节省了超过 100 万美元的修复成本，并避免 1.5 万名用户断电（美国能源部，2016）。

分布式发电设备的出现增加了对自动化分布式监控的需求。分布式能源正在被迅速采用，预计会在未来的几十年里继续大幅增长。分布式太阳能、电动汽车和其他创新能源解决方案都需要以低成本的方式整合到现有的配电系统中，以保持低成本竞争力（美国能源部，2016）。

⊖ 美国能源部（2016）提供了与配电自动化相关的智能电网拨款项目的详细信息。

6.3 自动转网技术

"智能"电器的创新将是动态定价的关键。这类电器支持用户在无需监测电价和调整负载的情况下,最大限度地节省电费。Hussain 和 Torres(2019)提供了这些电器的例子,这些电器有助于帮助用户控制电耗,实现节能。

虽然智能电器的前期成本可能很高,但它们有可能在短期内获得回报,这取决于它们的能源消耗。电热泵就是一个很有前景的智能电器。在英国,由政府支持的 Energy System Catapult、Daikin 和 Passiv System 组成的三人团队设计了一种用于热泵的燃料转换技术。如果电价较低,则该技术可以自动将气体转换为电力(Hussain 和 Torres,2019)。许多耐用品也可以进行翻新,并与数字技术结合,转换为智能设备。例如,初创公司 Ecopush 开发了一款应用程序,支持用户通过亚马逊虚拟助手控制自己的家用电器。安装该程序后,用户可以使用语音命令虚拟助手 Alexa 在最节能的时候打开特定电器(Hussain 和 Torres,2019)。Myenergi 公司走了类似的路,开发了一款应用程序,系统允许用户根据当时的电价价格,通过电网或自己的分布式发电系统为电动汽车或家用电器充电(Hussain 和 Torres,2019)。

对于电力零售商来说,与科技公司合作可能会很有趣,因为电力可能与其他商品和服务捆绑在一起。例如,电力供应商和技术供应商可以合作,为智能远程控制设备(如智能恒温器)提供折扣。捆绑销售还被用来鼓励消费者购买更大的产品,比如电池储存系统,甚至电动车。例如,在瑞典,一些公司向新的 TOU 用户提供捆绑产品,其中包括以折价充电站价格租赁电动汽车(Hussain 和 Torres,2019)。

6.4 分布式电力资源管理系统

由于分布式太阳能资源为电网提供电能的非持续性,因此需要先进的管理方案,以维持供电稳定性,从这些类型的发电设备中实现效益最大化。开发分布式电力资源管理系统(Distributed Energy Resource Management System,DERMS)是为了帮助公用事业单位,实现向一个广泛运用分布式发电设备的世界转变。简而言之,DERMS 用于分布式能源资源的"监控(近实时)、控制、预测、调度和优化"(OATI,2016)。在许多方面,DERMS 与 6.2 节中讨论的配电自动化技术相似或融合了这些技术。与配电自动化系统一样,DERMS 由软件和智能硬件组成,协同工作,预测和控制电网并网发电及电力储存(自动网络,2019)。这些技术是必要的,因为如果没有这些技术,电网可能会经历不必要的和潜在的危险事故,如电压异常、基础设施损坏和其他事故,这些都是可以借助 DERMS(OATI,2020b)避免的。

几家公司已经开发了 DERMS 解决方案，目前正运用于世界各地的电网中。通用特性包括危险预测、电力负载和电压管理，以及将电动汽车作为发电和耗能的集合体，通常依赖人工智能来优化功能。DERMS 解决方案中的另一个常见措施是创建虚拟发电厂，本质上是集中运营，将分布式电力资源集合作为一个大型资产来运行（Wolf，2020）。

OATI 是一家电力技术公司，业务覆盖了北美电力行业的大部分，提供的分布式电力资源管理系统被北卡罗来纳州、田纳西州和其他市场的公用事业公司使用。2019年，北卡罗来纳州电力会员公司为该州采用 OATI 的 DERMS 解决方案的 26 家电力合作社（超过 250 万人）中的 25 家（超过 250 万人）提供电力。根据美国能源信息署《年度电力行业报告》的净计量数据，2018 年北卡罗来纳州电力会员公司成员的分布式太阳能发电容量约为 11.6MW，其中包括用户自有和虚拟容量（美国能源信息署，2020）。北卡罗来纳州电力会员公司采用 OATI 的 DERMS 包括基于云计算，用于新的和现有的需求端管理操作，以及专有的微电网管理系统。OATI 微电网控制器能够优化本地分布式发电，并为电网提供负载优先排序和辅助服务（OATI，2020a）。在美国东南部，隶属于七州电力公司（一个由田纳西河谷公共电力协会组织的非营利组织）的 128 家公用事业公司也受益于 OATI 的 DERMS，（OATI，2018）。到 2019 年底，分布在亚拉巴马州、佐治亚州和田纳西州的至少七家公用事业公司已经签署了意向书，开始实施这一解决方案（Seven States Power Corp.，2019）。

自动电网系统是另一家公司为全球公用事业提供的 DERMS 解决方案。截至 2019年 6 月，自动电网系统已在世界各地承包了超过 5GW 的分布式电力资源（AutoGrid，2019）。荷兰公用事业公司 Eneco 已经使用了 DERMS 来管理用户拥有的热电联产（Combined Heat and Power，CHP）平衡容量 100MW。此外，电力系统在 2019 年 6 月宣布将与日本合作，创建世界上最大的储存 - 虚拟发电厂。该合作的第一阶段是电力系统使用其需求响应优化和管理系统（Demand Response Optimization and Management System，DROMS），将需求响应资源聚合为资产，在产能市场售卖，这一阶段原定于2019 年底开始。第二阶段是全面引入 DERMS，包括将分布式太阳能、储能、热电联产和电动汽车电能聚合到一个虚拟发电厂。

不断增长的电动汽车市场给 DERMS 供应商带来了新的挑战和机遇。EnergyHub是另一家 DERMS 供应商，最近与巴尔的摩天然气和电力公司启动了一个项目，帮助该市为 2025 年预计采用的大量电动汽车做好准备。EnergyHub 的 DERMS 将支持巴尔的摩天然气和电力公司的用户无需安装额外的仪表，实现电动汽车充电的分时电价计算，用户自带充电设备即可用户端收集充电数据。有望消除以前项目注册的障碍（Bleiberg，2020）。虽然电动汽车的普及给电网基础设施和负载管理带来了新的压力，但电动汽车的双向充电能力使自身既可作为耗电设备也可作为发电设备，在可再生能源间断性供电的情况下，这对需要平衡的移动性设备来说是有利的。欧洲主要能源技术公司 ENGIE 提供了一种融合了 V2G（Vehicle-2-Grid）技术的分布式电力资源管理系统（DERMS）解决方案。这个项目将停放的大量电动汽车作为稳定的配电网，并激励分布式可再生能源的自我消耗。这个计划允许大量停放的电动汽车被用来稳定电网，并可以激励分布式可再生能源的自我消费。将这些电能卖到电网，所得收入为 ENGIE 公司和汽车主共享。

6.5　协助用户参与电力批发市场

虽然 DERMS 和自动化负载管理系统通常由电力供应商和配电商提供服务，但也有一些公司提供需求端服务，以帮助个别用户管理能耗。这类服务的一个关键组成部分是消费者能耗数据级别的分类。这种分类为消费者提供设备级的能耗数据，而不是通常由电力公司提供的家庭或建筑级的数据。分类消费数据的关键优势在于消费者可以识别出哪些设备在什么时候使用的能耗最多。然后，他们可以根据设备上的价格信息，以最适合他们个人需求的方式调整能源使用。

硅谷的 Bidgely 公司在过去的十年里一直致力于推行这种分类方式。他们的方法利用先进的机器学习和人工智能，为用户提供各种指标评估能耗。从历史上看，缺乏细粒度的智能电表数据或阻碍了用户和公用事业公司的分类尝试。然而，先进的机器学习已经支持将 Bidgely 公司的服务扩展到没有先进的计量基础设施的用户。使用大量的智能计量数据，Bidgely 公司决定了介于家庭特征和能源使用之间的预测关系，通过比较两个有无智能电表具有类似特征的家庭（一种"匹配的对等"方法），能够将智能电表的部分分散效应扩展到没有智能电表的家庭。因此，虽然没有智能电表的消费者可能无法通过动态定价直接参与电力批发市场，但他们可以就如何使用电器以及这些行为可能产生的影响做出更明智的选择。根据 Bidgely 公司网站的统计，全世界至少有 1500 万家庭注册了 Bidgely 公司的服务。虽然智能传感器的成本已经显著下降（见图 2-1），但仍有一些用户认为这些设备太过昂贵。Bidgely 公司"通用分类"的创新方法让用户无需安装成本就能享受到智能传感器的好处。

Stem 是另一家利用先进人工智能来帮助消费者、企业和公用事业公司最好地利用分布式能源提供的各种选择的公司。特别是 Stem 的"Athena"AI 软件旨在帮助分布式储存的所有者管理他们的系统，从而"减少电力需求高峰时的费用，同时在停电时为备用电池保留电力"或帮助光伏和储存系统的所有者"通过参与批发能源市场转移能源输出，实现收入最大化"。Stem 公司的软件可以帮助这些储存系统就何时储存能源和何时部署能源做出智能、实时的决定。该系统在制定决策时将考虑利率结构、天气预报、价格信号和市场参与规则。

参考文献

ACER, CEER (2019) Annual report on the results of monitoring the internal electricity and natural gas markets in 2018. Technical report, Agency for the Cooperation of Energy Regulators & Council of European Energy Regulators

ACEEE (2019) State and local policy database: data access. Dataset, https://database.aceee.org/state/data-access. Accessed 6 April 2020

Asghar MR, Dán G, Miorandia D, Chlamtac I (2017) Smart meter data privacy: a survey. IEEE Communications Surveys & Tutorials

Australian Energy Market Commission (2015) Expanding competition in metering and related services, rule determination

AutoGrid (2019) Derms: the what, why, and how. Technical report, AutoGrid

Bleiberg S (2020) Energyhub and Baltimore Gas and Electric deploy BYOT and EV charging programs. EnergyHub

California Public Utilities Commission (2014) Decision 14-05-016: decision adopting rules to provide access to energy usage and usage-related data while protecting privacy of personal data. http://docs.cpuc.ca.gov/PublishedDocs/Published/G000/M090/K845/90845985.PDF

Doe US (2015) Dataguard energy data privacy program: voluntary code of conduct, final concepts and principles. Technical report, US Department of Energy

Doe US (2016) Distribution automation: results from the smart grid investment grant program. Technical report, United States Department of Energy

Douris C (2017) Balancing smart grid data and consumer privacy. Technical report, Lexington Institute

Durkay J, Freeman D (2016) Electricity use in marijuana production. National Conference of State Legislatures

Eom J, Wolak FA (2020) Breaking routine for energy savings: an appliance-level analysis of small business behavior under dynamic prices. Technical report, National Bureau of Economic Research, http://web.stanford.edu/group/fwolak/cgi-bin. Accessed 25 May 2021

Green Button Alliance (2018) Smart energy consumer collaborative and green button alliance become inaugural members of DataGuard energy data privacy partnership program. https://www.greenbuttonalliance.org/smart-energy-consumer-collaborative-and-green-button-alliance-become-inaugural-members-of-dataguard-energy-data-privacy-partnership-program

Hussain A, Torres MP (2019) Time to pick up pace of dynamic electricity pricing. Frontiers in Economics

OATI (2016) When is a distributed energy resource management system necessary? https://www.oati.com/Blog/grid-modernization/when-is-a-distributed-energy-resource-management-s

OATI (2018) Seven states power secures OATI distributed energy resources management system. https://www.oati.com/Newsroom/Press-Coverage/seven-states-power-secures-oati-derms

OATI (2020a) Microgrid energy management system for sensing & control. https://www.oati.com/solution/smart-energy/microgrid-optimization

OATI (2020b) Tame the impacts of distributed energy resources. https://www.oati.com/Solution/Smart-Energy/distributed-energy-resource-management

Riemann R (2019) Techdispatch #2: smart meters in smart homes. Technical report, European Data Protection Supervisor

Rowlands-Rees T (2018) Smart meters to become $21 billion global market in 2019. Bloomberg New Energy Finance

Seven States Power Corp (2019) Derms enrollment spikes. https://www.sevenstatespower.com/2019/07/02/derms-enrollment-spikes/

Texas Utilities Code (2014) Section 39.107(b). https://statutes.capitol.texas.gov/Docs/UT/htm/UT.39.htm

Tractabel, (2019) Benchmarking smart metering deployment in the EU-28. Technical report, Tractabel

US EIA (2017) Form EIA-861 Annual Electric Power Industry Report Instructions. Included with the Form EIA-861 detailed data files

US EIA (2020) Annual electric power industry report, Form EIA-861 detailed data files, https://www.eia.gov/electricity/data/eia861/. Accessed on 30 October 2020

Wolf G (2020) The reality of virtual power plants. Transmission and Distribution World

第 7 章　电力零售的潜在未来

本章描述的初始条件和政策目标可能会促使一个地区决定采用被动而非前瞻性的方法来适应影响电力零售的新技术。将这些初始条件和政策目标的监管响应分为三组：①应在所有地区实施的适应性调整；②可在采取反应性方法的地区推迟的适应性调整；③应在前瞻性方法下实施的适应性调整。由于不同地区具有不同的自然资源组合、不同的电力需求以及不同的能源和环境政策目标，因此，对电力零售行业来说，不存在一个针对所有市场都适用的最优市场或者监管结构。正如本书中所讨论的，在反应式方法和前瞻性方法之间进行选择的一个重要驱动因素是间隔计量技术的应用程度。如果不能至少在时间粒度的每小时级别上衡量用户的用电量，那么大多数新技术都无法带来显著的经济效益。因此，还区分了在所有地区适应这些新技术所需的监管要求，无论用户有什么类型的仪表，以及在有间隔仪表的地区所需的监管变化。

7.1　电价改革迫在眉睫

在所有地区，无论其用户使用哪种计量技术，都应该努力改革其输配网络定价制度。正如 3.3 节所述，输配电网络沉没成本的低效定价导致消费者安装分布式太阳能系统，增加了向所有消费者供电的成本。低效定价也导致用户更喜欢高平准化成本的分布式太阳能发电资源，而不是低成本的电网规模太阳能资源。此外，基于平均成本的输配电网络沉没成本定价的分配结果也值得关注。按照平均成本定价法，低收入用户如果没有足够的资金安装屋顶太阳能系统，或者没有足够的收入拥有自己的房子（安装屋顶太阳能系统），就需要支付更多的输配电网络沉没成本。

7.1.1　采用平均成本定价法回收沉没成本

在投资分布式太阳能光伏系统之前，输配电网络沉没成本的平均成本定价不会导致显著的经济低效，因为用户可以选择以平均成本为基础的价格使用电网供应的电力，或不使用电网供应的电力。因此，面对平均成本价格而不是边际成本价格的消费者会在这个较高的价格下购买较少的电网供应的能源。消费者不会因为价格高于电网供电的边际成本而离网。有了太阳能光伏技术，消费者现在可以在使用电网供电的能源和更有吸引力的屋顶太阳能系统的能源之间进行选择。如 3.3 节和 4.1 节所述，在许多地区，屋顶太阳能系统的 LCOE 低于基于电网供应能源的平均成本价格，因为输配电网络的平均沉没成本和其他固定成本都包含在平均零售价格中。

电网规模的太阳能设施的能源成本反映在电网供电的价格上。因此，用户决定投资屋顶太阳能系统以减少从电网购买电能，这意味着他选择消耗更昂贵的屋顶太阳能，而不是更便宜的电网供应的太阳能，因为屋顶太阳能在输配电网络的沉没成本的平均成本定价和其他设施成本上具有优势。

7.1.2　采用边际成本定价法回收沉没成本

要消除这些低效旁路的诱因，最直接的方法是按照边际成本对输配电网进行定价，并通过每月固定收费来收回剩余的沉没成本。在用户有间隔电表的情况下，电表将在每小时批发电价上再加上电网向用户提供电力的边际成本。这一生产边际成本包括了将电能从发电厂输送给用户所产生的能源损失。考虑到所有工业化国家的年平均输配电损耗小于 10%，事实上，可以通过将每小时批发价乘以 1.1 来计算电网供电的边际成本的上限估计值。对于使用机械仪表的用户，这个平均每小时的边际成本可以用平均批发价乘以 1.1 来计算。以这种方式为输配电网络定价，将确保用户不会出于经济考虑，用屋顶太阳能系统替代电网规模的能源或电网规模的太阳能。

回到 3.3 节在加利福尼亚州的例子，如果用户以平均 4.4 美分 /（kW·h）的价格购买电网供应的能源（2019 年通过输配电网络提供能源的平均边际成本的保守估计），那么他们将不会出于经济考虑，安装一个均摊能源成本为 15 美分 /（kW·h）的屋顶太阳能系统。此外，如果他们想消耗太阳能，那么以这种批发能源的平均边际成本购买电网供应的太阳能要比在屋顶安装太阳能系统更便宜。

输配网络的边际成本定价使这些网络的沉没成本中有相当一部分无法收回。收回这些成本最直接的方式是每个月向用户收取固定费用。设定这种固定收费的挑战在于限制低收入消费者的负担。向同一费率等级的所有用户每月收取同样的固定费用，可能会给每个费率等级的低收入消费者带来巨大的经济负担。Wolak（2018）提出了一种方法，根据用户以每小时能源边际成本购买电力的年度意愿来确定这个月的固定费用。这种机制根据用户的特点和用户类别乘以每小时消费的年分布来机选每个月的固定费用。McRae 等人（2019）使用哥伦比亚地区的家庭级消费数据贯彻了这一机制。作者首先展示了现有电力关税的财政负担和低下的经济效益，接着证明这种新的关税方法如何能够提高经济效益，并为高效采用清洁能源技术（如分布式太阳能、电池、高速电动汽车充电和电空间供暖）创造激励，同时仍然让低收入家庭生活得更好。

7.1.3 用需求费用收回沉没成本

回收这些沉没成本最受市场欢迎的方式是按月收取需求电价（我们不建议这样做），即用户在输配电网络"峰值"按照 1 美元 /MW 计价。需求电价可分为两类，即非同步电价和同步电价。非同步需求电价依据用户输配电网最高使用情况进行评估，在计费期间，计算用户的电量使用情况，而不考虑输配电网最高使用情况发什么在何时。换句话说，在计费期间，如果用户的电力需求峰值发生在周日凌晨两点，那么该用户将根据这一消费水平评估需求电价，即使这期间电力系统需求值极低。同步需求电价是在需求值最高的计费周期内，根据消费者的需求状况收取的费用。

非同步需求费用是更常见的需求电价，因为非同步需求电价可以通过双寄存器机械仪表来实现，测量用户在计费周期中的峰值需求和总耗能。相反，同步的需求需要借助间隔电表，因为该系统需求峰值可能发生在几乎每个月的任何时候。非同步需求电价会导致经济效益低下，因为用户的峰值需求与该体系的峰值需求不一致。

非同步需求电价会激励用户努力减少峰值需求，这对电力系统的稳定性和其他电力用户以更低的批发电力形式而言几乎没有好处。例如，投资储能设施有利于用户减少峰值需求，并降低每月非同步需求电价，这不利于保持电力系统稳定性，也不利于提升电力市场的效率。在一些用户需要支付非同步需求电价的地区，许多电力公司出售电池和其他降低用户峰值技术，该技术吸收的资金大部分通过每月需求电价的缩减。这些需求电价很容易就会超过每月账单的 50%，以太平洋天然气和电力公司 A-10 费率为例，用户支付平均能源价格为 19 美元 /（kW·h），但 100 倍于需求价格，即 18.26 美元。结果，用户高峰需求每减少 1kW，他们每月可以节省 18.26 美元。该电池投资只减少该用户的费用，除非该用户的需求减少发生在电力系统高需求期间。其他用户必须支付更高的电价来弥补该用户支付的较低需求电价。因此，非同步需求电价为私人利润丰厚的电池和灵活负荷技术投资提供了激励，这些投资没有经济效益或稳定电力系统方面的好处，除了帮助用户减少费用（就像投资之前那样）收回输配电网络的沉没成本。

同步需求电价具有一定的经济效益，因为它能激励所有用户在电力系统用电高峰期间减少能耗，这样既能提高系统的可靠性，又能降低批发电价。然而，同步需求电价只是低配版的每小时动态定价，而不是根据电网提供能源的每小时边际成本来改变计费周期的每小时价格，同步需求电价只会在电力系统需求最高的计费周期的一小时或更短的时间间隔内（大规模）提高消费价格。更经济有效的解决方案是向用户按月收取电网供电的每小时边际成本。在固定的电价上加上同步需求电价可能会在一个月的大部分时间内导致每小时的电价过低或过高，从而使得每个月电力系统单一峰值会变得很高。

出于这些原因，应避免收取需求电价，尤其是非同步需求电价，因为会带来投机行为，迫使其他用户承担沉没成本。电网供电的每小时边际成本定价具有优越的经济效益，应成为所有使用间隔电表的用户的默认选择，但不应该要求所有用户支付这个计时价格。如果用户愿意支付市场决定的风险溢价，以避免这种短期能源价格风险，那么他们可以选择退出。对于没有间隔电表的用户，电网供电的平均（计费周期）每小时边际成本定价为默认价格。同样，如果用户从愿意支付适当的风险溢价来避免这一价格风险，那么他们可以选择不接受默认价格。

7.2　如果动态定价有效，为何不受用户青睐

本节讨论的问题是为什么在使用间隔电表的地区，很少有用户主动同意通过动态定价关税来管理部分或全部批发价格风险。确切地说，默认的固定价格设定了收回整年的电力批发的平均成本，创造了有效的环境以确保没有用户会自愿切换到需要他们承担计时价格风险的定价计划。下面这个简单的经济模型将阐释这一点。

假设顾客偏好计时电力零售价格分布，其中 $P_r(h)$ 是计时零售价格，取决于计时零售价格分布的均值 $E[P_r(h)]$ 和标准差 $\sigma[P_r(h)] = E(\{P_r(h) - E[P_r(h)]\}^2)$。设 $U\{E[P_r(h)], \sigma[P_r(h)]\}$ 是顾客的偏好或效用函数，其在每小时预期零售价格和每小时零售价格的标准差上都是递减的。这意味着消费者更喜欢较低的平均每小时价格和较低的每小时价格标准差。图 7-1 绘制了消费者 0 和消费者 1 的无差异曲线。因为 $U\{E[P_r(h)], \sigma[P_r(h)]\}$ 在两个参数中都有减少，所以效用增加的方向是指向原点的，所有的用户都愿意支付较低的预期时价，面对较小的时价风险。

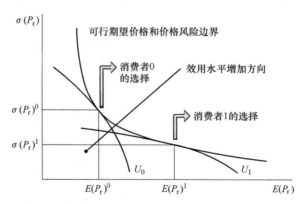

图 7-1　预期零售价格（$E(P_r)$）和零售价格（$\sigma(P_r)$）边界的标准差

消费者 0 比消费者 1 更不愿意承担风险，因为对于相同的计时零售价格，消费者 0 愿意承担更高的计时价格标准差。该图还绘制了可行对的集合 $\{E[P_r(h)], \sigma[P_r(h)]\}$，零售商可以在不破产的情况下提供零售定价方案。可行预期价格和价格风险边界意

味着零售商必须增加 $\sigma[P_r(h)]$ 的价值，以提供一个较低的价值 $E[P_r(h)]$ 的定价计划。

每个用户的无差异曲线与可行预期价格和价格风险边界之间的切点产生了用户的期望效用最大化定价方案选择。对于用户 0，这个过程产生点 $[E(P_r)^0, \sigma(P_r)^0]$，对于用户 1 产生点 $[E(P_r)^1, \sigma(P_r)^1]$。重要的是强调每个用户选择计划的理由，这一计划要求用户承担一些计时价格风险的原因在于面对默认零售价格，通过每小时电力批发价格，即 $E(P_r)$ 在可行期望价格和价格边界上的最小值，即它变成一条垂直线的点。

图 7-2 说明了消费者 0 和 1 的选择，如果设置默认零售价格，则消除所有的零售价格风险且至少恢复年平均计时价格。消费者 0 和消费者 1 的原始无差异曲线分别画为 U_{01} 和 U_{11}。对每个消费者而言，两条效用水平较高的无差异曲线被绘制为 U_{02} 和 U_{12}，这表示消费者 0 和消费者 1 将达到的效用水平，如果设定了一个受监管的默认固定零售价格 $E(P_r)^d$，则消除两个消费者面临的所有价格风险。因为 $U_{01} < U_{02}$（U_{02} 的无差异曲线效用水平大于 U_{01} 的无差异曲线的效用水平）和 $U_{11} < U_{12}$，所以两个消费者在可行预期价格和价格风险边界上选择 $E(P_r)^d$，以实现更高的效用水平。

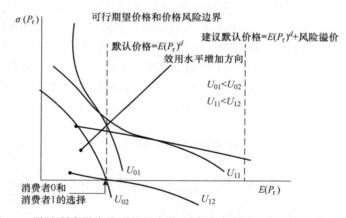

图 7-2　默认利率设定为平均批发价和建议默认固定价格的消费者选择

该模型说明了极其重要的一点，为了让用户主动控制批发价格风险，默认零售价格必须通过计时批发价格，或者监管机构必须设定一个包含大量风险溢价的固定违约价格，使其不干扰消费者根据可行预期价格和价格风险边界做出的选择。另外建议设置固定默认价格，如图 7-2 中最右侧的垂线所示。它等于 $E(P_r)^d$ 加上可观的正风险溢价，以反映为用户全年消费提供完全保险的成本，从而防范短期批发价格风险。需要强调的是，这种风险溢价必须是实质性的，因为必须涵盖管理短期期限交货价格风险和容量风险，从而让用户可以在这种固定价格下随心所欲地消费。特别是在极端天气的月份，顾客有权按照固定价格购买所需电力，这会给电力零售商带来巨大供电压力。

如果有可能，尽管监管者难以确定这种溢价风险的准确值，但是溢价风险越高，就会有越多的用户选择遵循可行预期电价和价格风险边界，这涉及监管者管理计时价格风险。相反，这种风险溢价越低，越多的用户就会选择默认固定价格，而不是控制短期价格风险。因此，监管机构设定的默认固定价格标准直接决定了用户愿意在多大程度上管理短期零售价格风险。

在缺乏有效电力零售竞争的区域，监管的主要挑战是确定图 7-1 和图 7-2 的可行性预期价格和价格风险边界。这条边界是预期计时价格和计时价格对标准差的集合，可以在年度基准上收回电力服务系统的所有成本，其限制在于消费者可以选择边界上的任意点。不应要求监管者或者单一实体部门来决定预期电价和电价标准差的可行边界。监管者很可能在默认固定电价的基础上设立过低的风险溢价，以至于要求任何电力零售商提供的任何预期电价和价格对标准差对于用户来说都不够具有吸引力，导致用户选择与固定默认价格有关的价格对。

这一规律解释了为什么所有受监管的电力零售市场和具有受监管的默认价格选择的竞争性电力零售市场较少采用动态定价计划，这包括几乎全球所有的零售市场。首先，市场对设定默认固定价格存在明显的偏见，由于默认固定价格设定太低会影响市场有效竞争。其次，监管者难以制定电价方案，让用户管理自己选择的计时价格风险，同时支持零售商收回服务用户的成本。

7.2.1　零售竞争在界定可行边界中的作用

确定可行的预期电价和价格风险边界在零售竞争中发挥着关键。然而，要创建决定这一边界的竞争性零售部门需面临的主要挑战是给用户提供可操作性信息，支持低转网成本的用户选择为其提供适合价格方案的零售商。全球电力市场的所有零售商的经验表明，有着高转网成本的用户很可能继续选择当前的电力零售商，计时新兴电力零售商开出更低的电价。因此，监管者必须保护高转网成本的用户免受到过高电价的影响，同时允许电力市场通过竞争决定可行预期电价和价格风险边界。

有两种主要的方法可用于解决这一问题，其中最常见的方法是在很大程度上限制零售竞争的规模，这阻碍了顾客管理批发价格风险。而另一种方法实际上刺激了零售竞争，强化了批发价格风险的管理，很大程度上是因为监管者发现政治上很难在默认固定价格上设定足够高的风险溢价，以便用户在管理计价风险时获益。

对监管者来说，保护高配电成本的消费者的典型方法是设定固定默认零售价格，相当于电力平均年批发价格加上输配电网和零售利润率。这是图 7-2 中的价格 $E(P_r)^d$。加利福尼亚州和美国其他拥有短期批发市场的州采用了这种方法，有利于保护高转网成本的用户免受过高零售价格的影响。但是，这种方法也存在一些明显的缺陷，如图 7-1 和图 7-2 所示，这种方法没有给竞争零售商提供足够的财力管控短期价格风险，进而降低用户的年平均电价。除非像美国的一些州那样，顾客通过更换零售商获得报酬，否则几乎没有有竞争力的零售商进入市场。监管机构设定的固定默认价格使得进入市场的预期利润接近于零。

设定一个默认的固定零售价格，只是为了收回监管机构估计的为用户服务的年度批发能源成本，它还有一个特色是竞争对手无法比拟的。具体来说，如果这个由监管者决定的默认价格被设定得太低，则会导致无法收回服务所有用户的实际年批发电力成本，监管者可以在未来一段时间内提高这个默认固定价格，以确保收回成本。因此，现任零售商能够提供一个其他竞争对手无法提供的价格。具体来说，对无限制的能源实行固定价格或关税。由于这个价格的设定是为了收回服务消费者的预期年成本，而且受监管程序的保护，因此，竞争的零售商几乎没有市场可以提供服务，即使所有的电力用户都有间隔电表，也几乎没有动力去控制任何短期的价格风险。

如果用户只有机械电表，那么竞争对手就没有办法向用户提供低于默认价格的价格，让他们能够在一天、一周或一个月的不同时间内改变需求。用固定默认价格来收回每年的服务成本，可以让用户有效避免受到过高零售价格的影响，但却不能吸引有竞争力的零售商进入市场，尤其是在机械仪表的地区，同时也没激励用户选择一种需要主动管理的短期价格风险关税。

一种有效刺激零售竞争和积极管理短期价格风险的方法，遵循图7-2所示的具有较大风险溢价的固定默认价格的原理。这种方法建立了所谓的价格竞争，监管机构为电力零售设定一个固定的默认价格，该价格远高于批发电力的预估平均价格加上输配电费用和零售利润率之和。得克萨斯州电力可靠性委员会取得这一成果多少是出于偶然。在该州电力重组的早期阶段，得克萨斯州公用事业委员会根据天然气的当前价格设定了默认零售价。当时，得克萨斯州电力可靠性委员会设定的天然气价格在7美元/MMBtu。由于美国页岩气市场的蓬勃发展，因此该天然气价格跌至2~3美元/MMBtu。作为回应，得克萨斯州公用事业委员会没有改变价格竞争策略，尽管天然气价格较低，得克萨斯州公用事业委员会还是做出了这样一个决定，即以价格优势为具有高转网成本的用户提供了足够的保护，以应对过高的零售价格。转网成本较低的用户可以在竞争对手之间采购，以获得更好的交易，通常需要承担一些短期价格风险。因此，得克萨斯州电力可靠性委员会引入零售竞争的方法使他们认识到，为了加大零售竞争，用户转向需要主动管理短期价格风险的零售价，零售商则从服务用户中获得利润。建立在巨大风险溢价基础上的固定默认价格创造了获利机会，吸引许多新零售商加入得克萨斯州电力可靠性委员会。然而，根据图7-2的规律，任何固定的默认价格都会导致一些愿意管理短期价格风险的用户选择默认价格。

得克萨斯州公用事业委员会认识到了这一规律，当得克萨斯州电力可靠性委员会的间隔电表广泛部署完成后，就不再需要秉持价格竞争策略，所有零售商都承担相应成本，以满足他们服务的不同用户的实际需求，而不是像机械电表那样，按小时计算用户每月消费量。这是第二个重要的教训，得克萨斯州电力可靠性委员会是正确的，但其他司法管辖区，如加利福尼亚州则不然。一旦在用户居所安装了间隔电表，为该用户服务的零售商就会从用户每小时而不是每月的实际消费额中获利。正如之前的声明：所有用户的默认批发电价都是按小时计算的。据此，得克萨斯州电力可靠性委员会拥有极具竞争性的零售市场，并提供了许多创新的定价方案，制定了美国最低的电力零售价格。

相比之下，即使加利福尼亚地区的许多用户都安装了间隔电表，但用户依然根据月消耗量的每小时用电情况来计费。尽管加利福尼亚州和埃科特的平均电力批发价大致相同，但加利福尼亚州的平均电力批发价达到了美国的最高值，是埃科特的两倍多。如果所有的零售商都必须承担服务用户的成本，且该成本基于用户每小时能耗，那么零售竞争很可能导致拥有最低服务成本的零售商占领市场。根据图 7-1 的规律，如果没有受监管的固定默认价格，那么零售竞争也会导致用户在符合自身零售价格风险偏好的价格中，选择预期价格和价格组合标准差。

需要强调的是，根据每小时实时批发电价制定固定默认价格，必须明确在长期战略上是正确的，即零售商必须从零售价格中收回批发价格成本，否则无法维持长期经营，因为其向用户收取的批发电价低于其电力平均价格成本。

因此，在监管程序中经常听到的一个标准论点是：为保护用户免受实时批发价格波动的影响，有必要禁止使用计时和实时电表，但这并不意味着消费者不必为这些波动的批发价格买单。用户必须按年支付费用，否则电力零售商将破产。对每小时电表的实行监管禁令，根据每小时实时批发价格制定默认零售价格，只有通过改变能耗来响应每小时的批发价格，即在高于平均价格的区间减少能耗，在低于平均价格区间增加能耗，才能防止消费者获得更低的年度电费。固定零售价格要求消费者每年每小时支付相同的电价，而不考虑批发价格。因此，如果选择默认固定价格或者制定消费价格计划，那么用户的年度电费就会就一定会更高。

关于所有零售用户将实时小时批发价格作为其零售价格的默认批发价格组成部分的问题，需要强调的最后一点是：这一要求目前适用于所有发电商。除非发电商能够找到愿意提供短期批发价格风险对冲的实体，否则他们将以每小时实时价格出售其在一小时内生产的所有电力。

平衡地对待终端用户和发电商可以产生以下一系列提高市场效率的激励措施：首先，终端用户必须签订长期合同，获得固定价格，对冲批发市场现货价格风险。然后，零售商将试图对冲短期批发价格风险，这一风险与向终端用户销售这一固定价格零售合同有关。这就使人们对固定价格远期合同（由通用电力公司售出）产生了需求。因此，通过要求发电商和终端用户在默认情况下支付每小时实时价格，使得市场的每一方都有强烈的动机尽自己的力量来管理实时价格风险。

7.2.2 平衡负载与发电

对于将所有用户的默认每小时零售价格中的默认批发价部分设置为每小时批发价，监管机构和消费者权益倡导者对此感到非常不安。然而，这个要求无异于消费者购买其他产品的要求。就航空旅行而言，乘客往往在想旅行的时候到达机场，以实时票价购票。但使用这种购票策略的用户面临着显著的实时价格风险，实时票价是未知的，因为航班已经售罄。因此，乘客通过固定价格的远期合同来对冲这种短期价格风险，对航空旅行来说，这种远期合同就是一张提前的购买机票。在很多情况下，消费者需要面对波动较大的默认服务价格，因此他们需要购买远期合同对冲这种价格风险。

将每小时的实时价格作为默认价格支付，不会导致月度账单额度大幅波动。鉴于以下批发电价的月度价格计划，实现了向用户披露每小时实时价格的目标，这类似于许多美国消费者按月购买的手机服务。用户可以提前购买各种形式交付的电力，按照不同的价格输送到家，就像手机用户每月购买服务一样。这些交付的批发价将包括通过输配电网络向用户交付能源的边际成本加上零售利润率。

一个家庭可以 4 美分 /（kW·h）的价格购买 1kW·h 的批发电力价格，每周七天，全天候供电，以 6 美分 /（kW·h）的价格购买 1kW·h 的批发电力价格，每周六天，在每日 16 小时用电高峰期间供电，最后以 10 美分 /（kW·h）的价格购买 0.5kW·h 的电能，每周五天，仅在每日四小时用电高峰期供电。这批购买价格形成了图 7-3 所示的计划能耗负载曲线。正如 Wolak 在书中描述的，可以从每月的固定价格中收回输电和配电网络的剩余沉没成本。

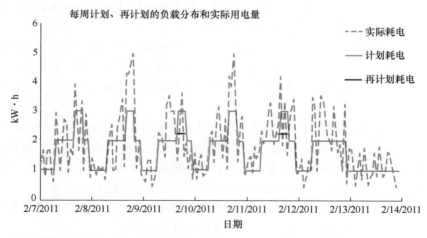

图 7-3 动态零售电价的单元计划方法。每周进行小时计划、重新计划和实际消费计算

这种机制的关键是，在计费周期，用户为电力购买一定数量的价格对冲，形成了每小时消费模式。假设每月 30 天，每四周出一次固定月交割批发电力账单，55.84 美元 = 30 天 / 月 ×24kW·h×0.04 美元 /（kW·h）+ 24 天 / 月 ×16kW·h×0.06 美元 /（kW·h）+ 20 天 / 月 ×2kW·h ×0.10 美元 /（kW·h），形成计划能耗负载曲线。平均价格为 4.88 美分 /（kW·h）。用户面临的短期价格风险和消费数量的风险偏离这个曲线。然而，我们将要讨论用户可以采取行动减缓这种短期价格和消费数量风险下行的影响。

图 7-3 中锯齿状的曲线是用户的实际用电曲线，与手机套餐不同的是，如果用户在一个小时内的实际用电量比计划用电量少，则用户可以在批发市场内将差量以实时市场的价格卖出去。相反地，如果用户实际用电量比计划用电量多，则需要以实时市场价格从批发市场购入电量。由此，用户的大部分的电量消费以平均 4.88 美分 /（kW·h）价格进行结算，只有少量的差值会以实时价格进行结算。

如果用户担心承担较高的实时电价，那么可以以固定价格提前购买更多电能，从而增加其实际消耗小于或等于计划能耗的可能性。用户可以每月随时以实时价格出售多余的计划电能，从而减少月账单。通过这种方式，用户可以通过提前购买更多的电能，来应对账单周期中意外的高能耗导致的额外月账单。例如，假设用户购买了每周七天全天候 1.25kW·h 而不是 1kW·h 的电力，在这种情况下，用户每月的批发电力账单为 63.04 美元，现在购买的电能总量为 1342kW·h，平均价格为 4.76 美分 /（kW·h）。通过显著提高用户实时回售能源的可能性来减少月度账单，这种高度统一的每小时计划消耗曲线为用户提供了价格对冲，以避免用户出现过高的额外月度能耗。

图 7-3 的几个部分包含了一条短的水平线，这条线出现在每日的用电高峰时段，标记重新预期能耗。在某些情况下，如果实际电价高于预期实时电价，那么用户会期望在实时市场预期能耗少的时段售出一些计划能耗的电能。现在有两种结算方式的批发电力市场（包括一天前的远期市场和实时市场），可以通过在一天前的市场上出售一部分计划电能来实现对冲。

这个例子说明，可以让用户知道任何消费的增加或减少的实时价格，而不会让用户面临显著的月度账单风险。这个定价计划的功能很像每月的手机套餐，用户购买固定数量的分钟数，但必须支付更高的价格来获得超出当月预定分钟数的额外分钟数。然而，与手机套餐不同的是，这种销售零售电力的方法允许偏离该计划消费模式的消费价格高于或低于用户支付的计划消费价格（取决于该小时的实时价格），任何未使用的计划消费都可以以实时价格出售，而不是像手机套餐那样作废或滚动到下一个月。

需要强调的是，上述购买批发电力交付的方法依赖于用户有间隔电表。另一个需要强调的是，只要零售商必须承担交付到每个用户的批发电力每小时的成本，那么零售商可以不受用户的干预，独自管理上述计划能耗与实际能耗之间的偏差的整个支付过程。在这种情况下，零售商首先会收到关于用户几个月以来每小时的历史负载信息。然后零售商会计算出计划的负载曲线来为用户提供服务，根据每个月的能耗，制定单一的默认电价，如果超过约定的电量，则会加价。对于图 7-3 中的用户，这可能是 60 美元，如果用户在计费周期内消耗超过 1150kW·h，用户将按照 10 美分/（kW·h）的价格计算电价。

如果用户支持零售商安装智能电表，由零售商使用用户的无线网络远程控制几个大型电器的电流，那么零售商可以为用户抵扣月账单。电器可以是用户的游泳池泵，因为其在运行期间耗能高，但是每天必须在零售商选择的特定时间段运行。

通过远程响应，应用这些智能插头，零售商可以降低用户的批发电力购买成本，并且这将支持零售商继续以较低的每月固定电价赚取服务收入。在这种情况下，用户将计划和实际用电量之间的差异成本转移至电力零售商。

7.2.3　管理广泛部署的间隔电表

即使在没有间隔电表的地区，也可以采用图 7-3 中手机计划机制的版本。具体来说，用户每月为固定负载配置购买固定数量的能源，用于从他们测量的计费周期水平能耗中"估计"他们在一个月中的每小时能耗。例如，根据监管机构设定的每小时负载曲线，在计费周期，用户可以购买的 1000kW·h 分摊到每小时。如果用户在一个月里能耗超过 1000kW·h，将购买额外的电力，在每小时负载剖面加权平均每小时批发价格交付给该用户。如果 w_h 是负载剖面下小时消费的计费周期水平的份额，p_h 是小时小时交货批发价格，则用户按照 $\sum_{h=1}^{H} w_h p_h$ 计算并支付每月额外消费的电能。如果用户当月消费低于 1000kW·h，那么他可以以相同的价格出售 1000kW·h 与他每月消费的差额。与此同时，需要强调，用户购买的是针对固定数量能源的短期价格风险的对冲，如果他们在一个月内消耗的能源超过了这个数量，那么他们必须根据每小时实时价格的负载情况支付费用。与上述间隔电表的例子类似，用户可以通过提前购买更多的月度能源，并通过不消耗计划能源的方式实时出售来对冲月度数量风险。

这种机制与手机套餐管理批发购买价格风险的方法有许多相同的特点，尽管它无法在计费周期的不同时间内刺激减少需求。用户每月消费的 1kW·h 减少或增加以相同的价格进行补偿或支付，即 $\sum_{h=1}^{H} w_h p_h$。因此，用户没有经济动机将消费从账单周期中批发价高的小时数转移到批发价低的小时数。

结果出现了一个问题，即如何说服用户用间隔电表取代机械电表，以响应电力动态批发价格。一种方式是用宣扬环保理念，激励用户在电力批发价处于最高位时减少能源需求，同时在批发价处于低位时增加电力需求。

零售商可以（通过手机应用或网站）向其用户传达昂贵的碳密集型发电机组的运行时间，以及突破可再生电力边际成本的时间。例如，零售商可以声明一天中的红色、白色或绿色时段。红色时段成本较高，该时间段是温室气体（Greenhouse Gas，GHG）排放密集型机组运行的时间。绿色时段是指极有可能突破可再生电力突破零边际成本的时间。所有其他时间都是白色时段，出于对环境的忧虑，这一时间段用户应该消耗可多可少的电力。

Anderson 等人（2019）报告了一项大型现场实验的结果，该实验提前几个小时向丹麦居民用户提供动态价格或环境信号，目的是让他们集中在某一时段用电，或者避免在某一时段集中用电，研究发现，同样的供电环境信号，相比于避免集中时间段消费，若没有给用户提供直接经济补偿，则会造成更严重的集中消费。特定时间短的前后几小时的能耗明显增加而不是呈减少趋势。作者发现，零售商从宣布价格和供电环境中节省了批发能源成本，以便将一天内高耗能时间段分摊到低耗能区间。

7.2.4　动态定价有更广泛的经济效益

如果这些行为在高价时段降低批发价，而在低价时段略微提高价格，那么面临动态价格的顾客，可以通过将能耗从批发价高的时段转移到批发价低的时段实现经济效益。此外，面对动态价格，有实时需求的用户甚至会接受定价计划，该计划要求他们在高价时段支付高于每小时批发价，以换取低价时段更低的批发价。顾客根据这种动态定价计划付款可以让零售商降低服务其他顾客的成本，并作为补偿与这些顾客共享节省下来的部分成本。Patrick 和 Wolak（2002）根据半小时实时电价估计了英国商业和工业用户的半小时电价响应能力。作者发现，一些用户在半小时需求方面具有显著的灵活性，他们将适用于这种类型的动态定价计划。

当短期批发市场需求曲线非常陡峭时，在供给特定数量的电力下，通过减少零售商总需求的方式，用户行为可以减少零售商总批发购买成本。然而，在需求曲线平坦时会增加批发购买成本。鉴于以下两个时段的例子，因为用户对价格波动表现敏感，所以个别零售商处于买方市场。

设 PW_i 等于周期 i（$i = 1$，2）的批发价，PR_i 是在第 i（$i = 1$，2）期的动态定价计划中向零售用户收取的价格。设 $D_i(p)$ 等于第 i 期（$i = 1$，2）中价格 p 下的动态定价用户的需求。假设零售商承诺保证服务于动态定价合同的需求不会对零售商的利润有任何贡献。这就对零售商可以向这些用户收取的 PR_i（$i = 1$，2）的预期利润最大化值施加了以下约束：

$$PR_1 \times D_1(PR_1) + PR_2 \times D_2(PR_2) = PW_1 \times D_1(PR_1) + PW_2 \times D_2(PR_2) \tag{7-1}$$

这意味着面对实时价格的用户支付的总金额，PR_i（$i = 1$，2）等于零售商向批发市场购买该电能的总金额，因为 PW_i（$i = 1$，2）是零售商在批发市场购买所有该时刻的批发价。

假设零售商以固定的零售价格使为用户提供服务相关的利润最大化。设 PF 等于固定零售价格，QF_i（$i = 1$，2）为用户在 i 期面对价格的需求。设 $S_i(p)$ 等于 i 期的总报价曲线。假设约束（7-1）成立，公司的利润函数为

$$\prod(PR_1, PR_2) = PF_1 \times QF_1 + PF_2 \times QF_2 - PW_1 \times QF_1 - PW_2 \times QF_2$$

每个时期的批发价 PW_i 是 $S_i(PW_i) = D_i(PR_i) + QF_i$ 的解。由这个方程可知，PW_i 可以表示为

$$PW_i = S_i^{-1}(D_i(PR_i) + QF_i)$$

这意味着 PW_i 是 PR_i 的一个函数。

选择 PR_i 来最大化零售商预期利润的简单两期模型可以用图表来说明。图 7-4 作了一个简化的假设，即 $D_i(p)$ 和 $S_i(p)$ 在周期 1 和 2 中是相同的。唯一的区别是零售商在每个时期必须提供的固定价格负载量。假设 $Q_1 < Q_2$。如果零售商在每个时期被动地对实时需求函数 $D_i(p)$ 出价，则将 P_i 定义为时期 i 中批发价的值。在该图中，PW_i 是在假设零售商选择 PR_i（向动态定价用户收取的价格）以最大化每日利润的情况下，周期 i 内的批发价格。PR_2 和 PW_2 之间的巨大差异表明，在高需求时期，零售商根据动态定价计划为用户提供服务来行使其市场支配力，从而获得巨大的收益。为了满足零售商从服务动态定价用户中获得的利润小于或等于零的约束，零售商必须将 PR_1 设置在 PW_1 以下。图 7-4 中周期 1 和周期 2 两个较浅的阴影区域是相等的，说明上面给出的约束式（7-1）是满足的。

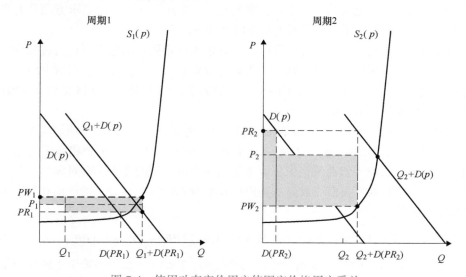

图 7-4　使用动态定价用户使固定价格用户受益

P_2 和 PW_2 之间的巨大差异，以及 PW_1 和 P_1 之间相对较小的差异，说明了零售商使用其实时定价的用户来行使市场支配力，而不是简单地非战略性地使用他们的需求曲线，导致日平均批发价格大幅下降。在周期 1 和周期 2 的数据中，较暗的阴影矩形显示了零售商由于面对动态价格的顾客行使其购买力而实现的利润增长。周期 2 中的大暗矩形和周期 1 中的小暗矩形之间的一些差异可以给予实时定价用户，作为对其对响应努力价格的回报。

零售商在市场需求方运用市场力量的这种策略以一种直接的方式延伸到一天、一周或一个月内的多个时间段。它代表了零售部门对价格有响应性的最终需求的潜在利益的一个主要来源。

7.3　价格波动支持灵活技术需求

监管者和政策制定者试图转型自己的电力供应产业，扩大间歇性可再生能源的份额，就必须处理好价格波动这把双刃剑。正如 Tangerås 和 Wolak（2019）在加利福尼亚州案例中所证明的那样，一个地区间歇性风能和太阳能的增多会增加净需求的波动性（因为需求和这些间歇性资源输出之前的差异），必须通过调度资源提供服务。净需求波动性的增加加剧了批发价格的波动性，这违背了监管机构保护消费者不受电价波动影响的初衷。另一方面，批发价格波动产生的收益投资于现代技术，这些技术帮助系统运营商和消费者管理这种批发价格波动。

储存和灵活负荷技术都可以通过将电力消耗从高价时段转移到低价时段而获益。例如，一个 14kW·h 的电池，可用能量为 13.5kW·h，往返储存效率为 90%，以 20 美元 /（MW·h）充满电，以 100 美元 /（MW·h）完全放电，将赚取 1.03 美元[⊖]。图 7-5 最后展示了加利福尼亚网络连接储存设备的卖价和买价，每年每个季度都遵循运用这一策略。

电池的销售价格和购买价格之间的差价越大，利润就越大。例如，如果售价是 1000 美元 /（MW·h），那么电池所有者可以获得 13.19 美元的相同充放电量。如果售价是 1 万美元 /（MW·h），那么电池所有者可以从同样的操作中获得 134.68 美元。这些例子指出了短期批发市场高报价上限的重要性，电池所有者可以期望赚取的收入。这些例子也指出了电池的一个重要特性，它们不发电，只是在不同时间段传输能量。如果一整天的批发价格不变，则电池所有者将获得负收益，因为用于充电的能量比电池放电的能量多。

获得这些收入的一个必要条件是：对于电网级技术和分布式技术，能够测量配电网的注入和撤出电能。对于传输网络连接技术而言，这些实时的时间监控和测量设备

⊖　1.03 = 13.5kW·h × 0.1 美元 /（kW·h）−（14kW·h/0.9）× 0.02 美元 /（kW·h）。

的存在通常是互连的必要条件。对配电网络连接技术，用户必须有一个间隔仪表（或将储存设备的直接控制权交给分销网络运营商），以收回这些收入。

图 7-5　加利福尼亚州并网储存容量的购买（竞价充电）和出售（竞价放电）价格

来源：加利福尼亚州国际标准化组织（2020）市场问题和表现年度报告中的图 1.20（加利福尼亚州国际标准化组织 2020）。得到了加利福尼亚州国际标准化组织的许可。在此表达的任何陈述、结论、摘要或其他评论不反映加利福尼亚州国际标准化组织的意见

　　在间歇性风能和太阳能发电能力强的地区，电力净需求波动性增加，也增加了对辅助服务的需求，即一次、二次和三次频率控制。回到加利福尼亚州的例子，辅助服务是传输网络连接储存单元的主要收入来源。图 7-6 显示了上调和下调的容量（加利福尼亚州版本的二级频率储备）、旋转和非旋转备用（加利福尼亚州版本的三级频率储备）、弹性下调和弹性上调容量（引入辅助服务以管理可调度资源的清晨下降和傍晚上升）和电能销售的数量。澳大利亚也出现了类似的情况，电池的大部分储存收入来自辅助服务的销售。图 7-7 显示了澳大利亚电力市场中储存技术公司销售的产品。虽然抽水蓄能设备主要是购买和出售电能，但发电机组的销售重点是频率控制辅助服务（Frequency Control Ancillary Service，FCAS），澳大利亚能源市场运营商（AEMO）的辅助服务术语。

　　电池和其他灵活负荷技术连接到配电网，能够提供许多辅助服务，同时可买卖能源。在一个地区增加间歇性风能和太阳能的份额可以增加这些资源从出售能源和辅助服务中获得的收入。

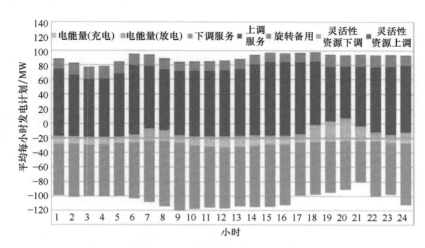

图 7-6　加利福尼亚州按并网储存容量销售的产品

来源：加利福尼亚州标准化组织（2Q2G）市场问题和表现年度报告中的图 1.19（加利福尼亚州国际标准化组织 2020）。得到了加利福尼亚州国际标准化组织的许可。在此表达的任何陈述、结论、摘要或其他注释不反映加利福尼亚州国际标准化组织的意见

图 7-7　澳大利亚电力市场中储存技术公司销售的产品

来源：澳大利亚能源市场运营商（2020）2019 年第 4 季度能源动态中的图 26（AEMO，2020）

7.3.1　减少价格波动的批发市场设计

监管机构和政策制定者采取了一系列应对措施，可以显著降低能源和辅助服务价格的波动性和辅助服务价格水平，从而降低投资储存和其他灵活负荷技术可能获得的收入。正如在下文所解释的，这些行动最终会提高年度电价。

尽管监管机构希望限制反映市场权力行使的价格波动，但反映净需求（系统需求减去可再生资源产出）不确定性增加的价格波动应该反映在能源和辅助服务价格中，

以便确定准确的经济价格信号，提供给为管理这些风险所必需的输配电网络连接技术的投资资本。

区分这两种价格波动的起因相当困难，而且经常会引起监管机构和政策制定者去修改市场设计。最常用的解决方法是降低短期批发市场的报价上限，但这也将进一步缩小价格波动范围，导致储能和可调节负载收益的降低，从而降低市场对此类技术投资的激励作用。

为批发市场选择的长期资源充足机制也会大大限制这些新技术的市场。基于能力的资源充足机制，要求所有零售商购买其峰值需求的倍数，通常在公司能力 1.15～1.2 倍范围内。发电机组的固定容量通常被描述为发电机组在有压力的系统条件下能提供的能量。正如 Wolak（2020）所讨论的那样，由于容量支付机制设置了固定的容量需求，所以具有容量支付机制的批发电力市场通常具有较低的能源和辅助服务价格波动。这些波动较小的价格通常发生在有能力支付机制的地区，即使是在有大量间歇性可再生能源的地区，也能为储存和灵活负荷技术投资提供更小的预期收入流。

Galetovic 等人（2015）证实了，以智利支付能力为例，市场价格波动呈下降趋势，该国运营着以成本为基础的电力市场，与能力支付机制协同运转。作者对基于成本的市场进行了反事实模拟，消除了能力支付机制，但增加了成本市场中用于调度水电资源的短缺参数的成本，以从能源销售中收回与实际从能源和能力销售中收回的收入相同的金额。作者发现，在他们的反事实解决方案下，能源价格波动显著增加。此外，在现有能源和容量市场设计的反事实下，总发电商收入的更大份额流向热资源。作者还报告了在他们的反事实解决方案下发生缺水的平均概率较低。

这些结果强调了以能力为基础的长期资源充足机制的几个显著的缺点，尤其是在可再生能源蓬勃发展的地区。首先，通过强制所有零售商在企业容量中购买固定数量峰值需求，这些市场不太可能降低服务需求的总成本，因为所有满足企业容量义务的发电容量必须获得足够的收入来收回它们的总成本，否则它将退出市场。因此，以能力为基础的长期电力充足机制可能会提高电力供应、辅助服务和公司能力的平均价格，以实现这一目标。较低的能源价格波动降低了对电力储存和灵活负荷技术的投资动机。在容量机制下，需要通过监管规定进行更多的储存投资，这将进一步提升用户的能耗总成本。

7.3.2　多结算区位边际定价市场的收益

采用区位边际定价（Locational Marginal Pricing，LMP）设计的金融公司日前批发市场和实时不平衡批发市场可以显著增加储存和灵活负荷技术的收益。正如 Wolak（2020）所指出的，相对于间歇可再生资源，这种市场设计还奖励热资源的可调度性。此外，由于它对输电网络配置和其他相关的发电运行管理设备进行定价，因此价格可能在空间和时间上有所不同⊖。因为市场清算在一天前进行两次，而且是实时的，所以这种特征的市场设计被称为多重结算。

在这种市场设计下，电力零售商可以在日前市场购买能源，然后在实时市场上出售，从而消除了主要困难，这一困难阻碍了批发市场的积极需求响应。单一结算市场需要与实际情况相反的消费水平，以此来衡量需求减少。具体来说，市场经营者需要知道，假如没有给出需求响应信号，需求响应提供者将消费什么。在多结算批发市场中，市场操作者不需要计算这个反事实的消费基线。零售商可以在日前市场上以当天的价格购买 100MW·h，如果实时价格明显更高，则减少能耗，比如 80MW·h，并以实时价格在实时市场上有效地销售剩余的 20MW·h。

Bushnell 等人（2009）讨论了依赖于设定行政基准线衡量和补偿需求响应的需求响应计划的缺点。这种方法导致需求响应提供者将其工作重点放在提高其行政基准线上，而不是减少需求，相当于增加发电单位的产出。例如，在单一结算实时市场下，如果零售商销售需求减少，则必须相对于系统操作员和监管者设定的某些值进行衡量。然而，如果没有要求零售商减少需求，那么系统运营商或监管机构没有办法知道零售商要消耗什么。电表只能记录用户的实际用电量，而不能记录用户没有需求响应信号的假设用电量。

下面的示例说明了行政设定基准线所面临的问题。假设一个零售商有一个大型电力用户，该用户有时会在周末关闭设备，那么根据该用户的需要，零售商的需求为 10MW·h 或 12MW·h。在知道大型用户关停设备的周末，零售商可以减少 2MW·h 的需求。然而，需要强调的是，零售商不是真的卖出减少的价格敏感需求，因为用户在周末关停设备的决定与电价无关。这种需求减少与零售商销售的需求减少无关。这个例子表明，在需求响应的行政基准线方法下，用户可以为减少的需求买单，如果没有需求反应计划，则用户可以为在没有需求响应计划的情况下得到的需求减少买单。

对于日前市场，零售商可以在日前市场上以前一天的价格购买其需求响应基准线，然后在实时市场上以相对于该基准线的实时价格出售电能，消耗的电能少于基准线量。需求反应行政基准线方法的另一个成本是这些需求减少的部分或全部款项必须从对所有需求分摊的额外费用中收回。这是因为在这种需求响应方法下，零售商不会购买随后实时销售的电能。它只是出售相对于这个行政基准线的需求减少的部分。在多结算市场中不需要支付这种额外的成本，因为需求响应提供商获得的所有收入都来自日前市场上购买的不实时消费但以实时价格成交的电能。

日前市场的存在也使储电单位能够确保他们在第二天充放电的价格。正如 Jha 和 Wolak（2019）在加利福尼亚州市场所示，由于在日前市场上出售的发电资源数量远远多于实时市场，因此日前价格的波动性往往比实时价格低得多。因此，在日前市场中，储电单位可以预见地在日前市场中以较低的价格买入，并在日后市场中以较高的

⊖　这些发电机组运行限制包括斜坡率、最低安全运行水平以及最低正常运行时间和停机时间。

价格卖出。这种更可靠的日前市场价格差异可能会增加储电单位从电力销售中获得的预期收入，而相比之下，储电单位在实时市场上买卖能源，一天内每小时的价格差异很难预测。

多结算边际价格市场通常在日前和实时市场共同优化能源和辅助服务的采购。这意味着，市场清算机制决定销售数量和位置价格的最低成本，以满足电力和所有辅助服务的需求。因此，在日前市场上联合优化能源和辅助服务采购可以确保发电和储存资源在日前和实时市场上以最具成本效益的方式使用它们的电力和辅助服务。如图 7-6 所示，在加利福尼亚州，几乎所有的储存单元销售的辅助服务都是通过前一天的销售完成的。此外，图 7-5 中显示，几乎所有的电力购买和销售都是在日前市场完成的。

LMP 市场设计的另一个好处是，在主要负载中心或附近的边际价格往往更高，更不稳定，这为分布储存和灵活负荷技术在这些定价点附近提供了额外的收入来源。将这些技术部署在主要负载中心或附近的做法还有一个额外的好处，那就是它可能会减少未来输配电网络升级的需要。

7.3.3　面向未来零售的批发市场设计

如前一节所述，一个多选址边际定价市场支持电力储存和其他灵活负荷技术的有效部署，有利于终端消费者积极参与批发市场。LMP 将刺激分布式发电、储存和灵活负荷技术的配电网络水平投资。在主要负载中心附近，LMP 通常更高，波动性更大。这些价格更高、更具波动性的 LMP 促进了技术领域的投资。

另一个支持电力储存和其他灵活负荷技术的重要市场设计特点是基于电力合同的方式，而不是基于电能的方式来实现电力长期充足。由于发电商和电力零售商之间所有的需求都被固定价格和固定数量的长期合同对冲，因此监管机构允许提高短期市场的报价上限。

这些较高的报价上限导致一天内可能出现较大的价格波动，从而为储存和灵活负荷技术提供了更大的经济收益，如 7.3 节所述。投资到位后，这种市场设计有可能导致较低的年平均批发价格。这是因为扩大储存容量和提升灵活负荷技术，使得市场能够以更少的发电容量，同时提供相同的年发电量。

加利福尼亚州的案例就清楚地说明了这一点。2017 年，加利福尼亚州 ISO 控制地区的平均每小时能耗为 26002MW，峰值是能耗的两倍，达到 50116MW。这意味着，如果在一年中完全灵活时段的电网中撤出需求，则加利福尼亚州可以通过明显减少发电量实现供电，因为它只需要满足每小时 26002MW 的需求，而不是满足系统峰值 50116MW，每年有几个小时的需求接近这个水平。加利福尼亚州可以更容易找到解决办法，从而通过动态定价来减少对发电能力的需求，这将奖励消费者从高价时段转换到低价时段从电网取电。这意味着电价每年需要收回的固定发电成本将更少，也就是在一个发电能力显著增加的市场中，平均电价可能会更低。

有能力支付机制的市场通常报价上限更低且装机容量更大。这意味着相同电量的情况下，每年发电的总成本必须更高。因为批发价格在一天、一个月或一年的时间里变化不大，动态定价不太可能引起需求从高价期向低价期的大量转移。

因此，假设所有满足需求的发电能力都必须收回其年度成本，如果在能源承包方式下，则需要更少的发电能力来满足需求，相对于有能力支付机制的批发市场，前一种市场设计下的年平均价格可以更低。此外，短期市场的报价上限越高，电池和灵活负荷技术的潜在收益就会越高，根据上述逻辑，可以用更少的发电能力来满足相同的年需求。

正如本节所讨论的，空间和时间的价格差异为部署和支付全方位的技术提供了重要的经济信号，这些技术将促进以最低成本向未来的电力零售业转型，这对于具有显著间歇性可再生能源目标地区的电力消费者和供应商都有利。

7.4　反应性与前瞻性：决定电力零售的未来

间隔电表的广泛可用性以及太阳能目前和未来的部署，是决定未来电力零售业选择反应性还是前瞻性方法的两个关键因素。对于没有间隔电表、目前很少或未来几乎不可能部署屋顶太阳能系统的地区，除了对输配网络定价进行改革外，几乎没有必要改变现有的电力零售模式。

如 3.3 节所述，过渡到交付电力的边际成本方法来为零售电力定价，即基于用户按此价格支付电费的意愿，每月收取固定的费用。这个方法消除了现有电网供电平均成本定价方法的低效率。在边际成本定价的情况下，用户将没有经济动机通过安装屋顶太阳能系统来进行低效的旁路电网供电。由于用户没有间隔电表，所以他们只能在计费周期内根据他们的用户类别所代表的固定负载量，按电网供应能源的平均边际成本定价进行电力消费。

根据 7.2 节中讨论的情况来看，在计费周期中，用户必须直面电网供电的平均边际成本作为他们的默认价格。但是这并不意味着任何用户都必须按这个价格支付电费。在受监管的零售市场中，垄断零售商可以提供其他定价计划，以对冲这种批发价格。然而，如 7.2 节所讨论的，监管者几乎不可能确定可行的预期价格和价格风险边界。监管机构设定这一边界的任何尝试，可能导致每个人都选择固定默认价格。

这种传配电网供电的边际成本定价方法将推动电动汽车的高效发展和空间供暖的电气化进程，但是它们的持续平均成本定价方式将大大削弱用户购买驾驶电动或插电式混动汽车的动力。在加利福尼亚州的环境下以插电式混动普锐斯汽车为例，它消耗

1 加仑[⊖] 的汽油可以行使 50 英里[⊜]，消耗 1kW·h 的电力可以行使 2.2 英里。假设汽油价格为 3.5 美元 / 加仑，这意味着使用汽油驾驶每英里的成本为 7 美分。北加利福尼亚州 22 美分 /（kW·h）的平均电价定价意味着用电驱动普锐斯每英里的成本为 10 美分。然而，如果电网供应的电力以 2019 年 5 美分 /（kW·h）的平均边际成本定价方式来计算，那么用电驾驶汽车的成本将降至 2.3 美分 / 英里。因此，电网供电的边际成本定价与平均成本定价将成本最低的燃料从汽油变为电力，这大大增加了人们采购电动和插电式混合动力汽车的动力。类似的逻辑适用于过渡到电空间供暖的情况。相对于燃油空间供暖，电网供应的边际成本定价将鼓励用户采用电空间供暖。

即使在没有间隔电表的情况下，如果所有零售商对其服务的用户都能保证在计费周期中依据每小时边际成本定价向他们提供电网供应的电力，且保证用户获得调节器分配的固定负载量，那么也能为零售竞争提供经济支持，以找到确定可行的预期价格和价格风险边界。这一（设置边界的）监管规则没有设置固定价格来监管期权，也没有足够高的固定价格可以击败期权，这将鼓励零售竞争，并激励用户根据这些价格变化管理自己的用电需求。此外，即使没有安装间隔电表的用户要面临以默认成本来获取零售商为他们提供服务，他们也可能愿意接受零售商通过远程控制负载的方式为其提供动态需求响应。

在这样的计划下，只要用户同意在一个月内可以让零售商按照预先指定的次数远程削减某些大型电器的用电，那么零售商可以为顾客提供每月账单的折扣。这可以通过用户的 Wi-Fi 网络远程控制智能插头来实现。这种商业模式可以扩展到零售商远程控制用户的分布式太阳能或电池系统的方式，以换取电网供电的折扣。在用户没有安装间隔电表的情况下，零售商必须借助直接控制负载的方法，在计费周期内提供可靠服务来改变用电需求，这种服务可以通过在市场的销售实现收益。

即使在没有间隔电表的零售市场中，政策制定者也可以采取一项行动来促进电力零售的竞争，即鼓励发展一个活跃的远期能源市场，并采用具有提前一天实时市场的多结算批发市场设计。Wolak（2019）证明了在新加坡电力市场引入标准化的远期能源合同对零售和批发市场的好处。2015 年 4 月，新加坡推出了一个匿名的批发电力期货市场，出售标准化的季度期货合约，并可在未来八个季度内交货。使用 2014 年 10 月至 2016 年 3 月签署的所有竞争性零售电力供应合同的价格和其他可观察特征的数据，Wolak（2019）发现，在零售合同开始交割前一个月的零售合同期间出清的未平仓期货合同的平均数量越大，预示着零售合同的价格越低。这一结果与独立零售商增加期货市场购买量导致零售价格下降是一致的。与 Wolak（2000）的逻辑一致，大量的固定价格远期合同义务导致报价更接近供应商的边际生产成本，Wolak（2019）发现，在半小时内对短期批发价格出清的期货合同数量越多，预测半小时批发价格越低。这两个

⊖　1 加仑 =3.785 升。
⊜　1 英里 =1609.344 米。

实证结果都支持引入纯金融参与者来改善零售和批发市场的表现。

拥有一个正式的日前市场，让这些期货合约按照日前价格清算而不是让它们与实时市场价格清算，可以进一步增加远期市场的流动性。因为正如前文 Jha 和 Wolak（2019）所指出的那样，日前价格的波动性明显低于实时价格，即使在考虑了日前交易成本与实时价格差异后，两种价格的样本均值在统计上通常没有多大区别。

最后一个问题涉及自动化比较购物的过程，应向用户提供可读和可共享访问其用电量数据的机器，以便他们比较选择商店。许多司法管辖区已经建立了价格比较网站，以方便用户比较购物。用户可以根据定价计划、可再生能源含量以及用电时间购买零售电力。他们还可以输入其用电量的特征，并从不同的零售商那里获得报价，或根据所提供的耗电量信息，获取成本最低的零售商的报价。在得克萨斯州电力委员会，这个网站被称为 Power to Choose（自由选择的权利）。在新西兰，它被称为 Consumer Powerswitch（消费电源开关）。建立这样一个网站将促进零售竞争，并且可以像新西兰一样由行业自愿资助，或者像得克萨斯州电力委员会一样由监管机构设立。

7.4.1　前瞻性

对于广泛部署间隔电表的地区，以及拥有重要屋顶太阳能系统或雄厚的可再生能源目标的地区，应该考虑对未来零售业采取前瞻性的方法。这种方法将利用这些新技术，在输配电网络连接了大量的风能和太阳能资源的电力供应行业中，最大限度地提高经济效益和可靠性。

如 7.2 节所述，这些地区必须改革其输配电网络的定价方法，并要求所有零售商在计费周期的每个小时内支付，为每个用户提供电网供电的实时成本。由于 7.2 节讨论的原因，定价不应该有固定的默认价格，除非它类似于得克萨斯州电力委员会的价格击败政策，包含大量的风险溢价。有了这些初始条件，应鼓励零售竞争，将其作为阐明 7.2 节所述可行预期价格和价格风险边界的最有效方式。

间隔电表的广泛部署使消费者可以通过两种方法积极参与电力批发市场。第一种方法是通过零售商使用安装在用户场所里的设备直接控制负载。在这种情况下，零售商承担了全部风险，即相对于提供给用户的付款或折扣，它所采取的需求响应行动是否具有成本效益的风险。即使用户没有间隔电表，这种方法也可用。

第二种方法允许零售商分担它所采取的需求响应行动是否具有成本效益的风险。零售商可以通过发送价格信号并允许用户对该价格信号做出响应来降低部分风险。例如，零售商可以简单地向用户收取动态价格，并允许用户自行判断手动响应或安装自动响应技术是否具有经济价值，而不是在用户场所直接安装负载控制设备。

类似的逻辑也适用于决定安装是否带电池储存的屋顶太阳能系统的情况。如果没有间隔电表，则零售商必须直接控制这些设备，以改变用户对批发能源的需求，从而降低为用户服务的成本。然而，通过间隔电表，零售商可以使用动态价格信号来激励用户自行手动响应这些价格或者安装必要的自动响应技术。

监管政策的一个重要作用是提供信息，降低用户切换电力零售商的成本，提高他们的"能源智能"化程度，使用户更直接地确定电网供应和分布式能源的最佳组合以及满足其能源需求的定价计划。允许用户访问他们的每小时消费数据，使他们能够将这些数据提供给对应的竞争零售商和其他第三方。以机器可读和消费者友好的格式提供这些信息将支持用户在零售商之间比较他们的能源服务。屋顶太阳能系统销售商已经使用此类信息来确定用户是否可以从屋顶太阳能系统的安装中受益。这些信息对太阳能和电池的联合系统的供应商也很有用。

在广泛部署间隔电表的地区，基于边际成本的电网供电定价的每月收取固定费，用以收回配电网的沉没成本的地区，要求所有零售商必须收回服务每位用户的实际每小时成本的地区，电力零售商应该将自己视为能源服务的供应商，而不仅仅是电网供电的供应商。零售商可以提供分布式发电、储存和灵活负荷技术的组合，最大限度地满足用户的需求。例如，对环境声明感兴趣的用户可能希望安装屋顶太阳能电池板和电池，即使这些投资可能不是满足其能源需求的最低成本方式。通过与分布式太阳能和电池供应商合作，零售商可以为零售消费者提供一站式购物体验。

电力零售商也可以扩展服务到提供家用高速电动汽车充电器和家庭取暖电气化方面。简而言之，一旦为电力服务提供商建立了符合上述三项要求的公平竞争环境，电力零售商就应该将自己视为能源服务提供商。尤其是在那些政策支持发展电动汽车和有住宅供暖的需求的地区，这对电力零售商来说可能是一个非常有利可图的新产品。

具有雄厚的可再生能源且具有汽车和供暖电气化目标的地区可能会有更具前瞻性的政策。具体来说，这些地区可以安装分布式电力资源管理系统（DERMS），允许零售商管理分布式太阳能系统、电池、高速车辆充电器和空间电加热器和冷却系统。DERMS 可以作为受监管的分销网络服务安装，所有零售商都可以根据监管流程设定的条款和条件访问该服务。

如 9.4 节所述，开放配电网络以使电力零售商之间进行竞争的合理的下一步是建立动态的配电网络价格。可以引入配电系统运营商（DSO）模型来提供分销区域边际价格（DLMP）。这将提高对电网供应的电力进行定价的效率，因为这些 DLMP，将约束配电网络内的价格，从配电网络输送电力所产生的边际损失进行定价。因为边际损失随着输送距离的增加而增加，通过将边际损失包括在 DLMP 中，需要在每月固定费用中收回的沉没成本更少，而可以从边际损失中收回的成本更多。

分销网络的配电系统运营商（DSO）模式也可以允许分配其上面连接的资源向批发市场提供辅助服务。例如，分布式太阳能系统、电池、高速车辆充电器和空间电加热器可以配备监测和控制设备，使这些设备能够提供频率控制服务。为这些服务支付的价格可以作为 DSO 定价过程的一部分进行计算。

在 9.4 节里，对未来研究主题的讨论将包含向 DSO 模型过渡的许多实际细节。这种方法通过将分布式太阳能系统、电池、高速车辆充电器和空间电加热器相组合，建立连贯性的电力网络，从而显著提高配电网的规划和运行效率。

参考文献

AEMO (2020) Quarterly energy dynamics q4 2019. Technical report. Australian Energy Market Operator

Anderson LM, Hansen LG, Jensen CL, Wolak FA (2019) Can incentives to increase electricity use reduce the cost of integrating renewable resources. Technical report. National Bureau of Economic Research. http://web.stanford.edu/group/fwolak/cgi-bin

Bushnell J, Hobbs BF, Wolak FA (2009) When it comes to demand response, is FERC its own worst enemy? Electr J 22(8):9–18. http://web.stanford.edu/group/fwolak/cgi-bin

California ISO (2020) 2019 annual report on market issues and performance. Technical report. California ISO Department of Market Monitoring

Galetovic A, Muñoz CM, Wolak FA (2015) Capacity payments in a cost-based wholesale electricity market: the case of Chile. Electr J 28(10):80–96. http://web.stanford.edu/group/fwolak/cgi-bin

Jha A, Wolak FA (2019) Can financial participants improve price discovery and efficiency in multi-settlement markets with trading costs? Technical report. National Bureau of Economic Research. http://web.stanford.edu/group/fwolak/cgi-bin

McRae SD, Wolak FA, et al (2019) Retail pricing in Colombia to support the efficient deployment of distributed generation and electric vehicles. Technical report. Working paper. http://web.stanford.edu/group/fwolak/cgi-bin. Accessed 25 May 2021

Patrick RH, Wolak FA (2002) Real-time pricing and demand side participation in restructured electricity markets. Electricity pricing in transition. Springer, pp 345–360

Tangerås T, Wolak F (2019) Locational marginal network tariffs for intermittent renewable generation. SSRN 3495488. http://web.stanford.edu/group/fwolak/cgi-bin. Accessed 25 May 2021

Wolak FA (2000) An empirical analysis of the impact of hedge contracts on bidding behavior in a competitive electricity market. Int Econ J 14(2):1–39. http://web.stanford.edu/group/fwolak/cgi-bin

Wolak FA (2018) The evidence from California on the economic impact of inefficient distribution network pricing. Technical report. National Bureau of Economic Research. http://web.stanford.edu/group/fwolak/cgi-bin. Accessed 25 May 2021

Wolak FA (2019) The benefits of purely financial participants for wholesale and retail market performance: lessons for long-term resource adequacy mechanism design. Oxf Rev Econ Policy 35(2):260–290. http://web.stanford.edu/group/fwolak/cgi-bin

Wolak FA (2020) Wholesale market design. Technical report. Program on Energy Sustainable Development, Stanford University. http://web.stanford.edu/group/fwolak/cgi-bin. Accessed 25 May 2021

第 8 章 加利福尼亚州和得克萨斯州的零售市场设计经验

加利福尼亚州和得克萨斯州是 2020 年美国间歇性可再生能源占比最大的两个州。加利福尼亚州太阳能发电装机容量近 14000MW，风能发电装机容量近 6000MW。加利福尼亚州的电力消耗中有 22% 依靠这些太阳能和风能资源。得克萨斯州风能发电装机容量大约为 24500MW，太阳能发电装机容量大约为 2500MW，得克萨斯州的电力消耗中 24% 依靠这些风能和太阳能资源。由于其大量的可再生发电份额，这些州可依靠短期市场中需求方的积极参与来维持实时供需平衡。

2020 年 8 月的加利福尼亚州和 2021 年 2 月的得克萨斯州都出现了批发电力供应短缺，需要通过滚动停电来削减刚性负载，以保持电力需求量与供应量相等。电力短缺在一定程度上是因为这些州现有零售市场设计的缺陷，随着间歇性可再生能源份额增加，电价可能会随之升高[⊖]。电力供应短缺揭示了每个州现有的长期资源充足机制和电力零售业之间的不兼容性。

基于发电容量，加利福尼亚州推出了长期资源充足机制，该州的所有发电机组和柔性负载都分配了一个可靠容量值，该容量值等于该发电机组可以提供的电力总量或柔性负载在受压系统条件下可以提供的需求减少量。加利福尼亚州要求每个零售商购买相当于其峰值需求 115% 的可靠容量，以确保所有零售商购买的可靠容量足以满足系统的需求高峰。因为大量的电力要依靠州外供应，加利福尼亚州的长期资源充足机制要求各地区有额外的可靠容量和灵活发电能力，且需要改进基本机制。

加利福尼亚州 2020 年 8 月的电力短缺期间，需求响应的总量大大低于该州长期资源充足机制下作为可靠容量记入量。该事件表明在基于容量的长期资源充足机制中，同等对待需求响应与发电机组的可靠容量，很难保障电力系统的可靠性。其中许多问题可以追溯到使用监管机构制定的行政基准线（需求响应供应商因需求减少而得到了补偿）。

而得克萨斯州并未正式建立长期资源充足机制，得克萨斯州依靠其短期市场 9000 美元 /（MW·h）的报价上限，为供应商提供经济信号，使其可能提供充足电力来满足由此产生的短期市场清算价格的需求。这一机制还会让零售商和消费者面临短期批发电价极高的风险，因此零售商和消费者会在固定价格长期合约中购买预期的批发电力，这便是机制构建原理。然而，这种逻辑忽略了 Wolak（2013）提出的可靠性

⊖ Wolak（2015）详细分析了供应短缺的根本原因。

和外部性，零售商因此会减少在远期市场上未来电力的采购需求。因为所有零售商都知道，采购不足的成本不是通过减少特定用户而得到弥补，而是由所有用户通过滚动停电分担的。

2021 年 2 月在得克萨斯州发生的事件恰好证明了这一点，即使在 9000 美元/（MW·h）报价上限的市场上，可靠外部性也依旧存在。电力短缺期间，9000 美元/（MW·h）的短期批发价格会极大影响到终端需求。异常寒冷的天气条件，加上得克萨斯州大多数家庭用电取暖，意味着家庭在这段时间不太可能减少电力需求。在这种情况下，得克萨斯州公用事业委员会（Public Utilities Commission of Texas，PUCT）需要采用一个正式的长期资源充足机制，并监测零售商和最终消费者受短期价格的影响，以限制风险产生，因为一旦出现供应短缺，会给所有消费者带来巨大损失。

本章的其余部分如下：8.1 节将描述加利福尼亚州现有需求响应产品的缺点；接着提出一种在短期市场中对称对待需求响应的方法，即在短期市场上平衡对待供需。这种方法明确了与加利福尼亚州长期资源充足机制中价格反应型需求销售可靠容量相关的重要注意事项。下一节论证了 2021 年 2 月 14 日至 18 日的电力短缺事件与可靠性外部性的存在是一致的，即需要建立一个长期资源充足机制。接着，我们强调需要对零售商和最终消费者在报价上限为 9000 美元 / 兆瓦时的批发市场中的短期价格风险进行监管。最后一节将加利福尼亚州和得克萨斯州的经验与本节的建议联系起来进行论述。

8.1　加利福尼亚州需求响应产品的缺陷

加利福尼亚州需求响应产品表现不佳的根本原因在于该州长期资源充足机制和短期市场运作中对价格响应需求与价格响应供应的不对称处理。加利福尼亚州有一个基于容量的长期资源充足机制，可为所有发电机组和价格响应负载分配一个固定的容量值。发电机组的固定容量值等于机组在压力系统条件下可以提供的能量。价格响应型需求机组的固定容量值等于其在压力系统条件下能够供应的 MW 需求减少量。

加利福尼亚州还经营一个具有经济约束力的日间电力市场，参与者利用所有市场参与者提交的出价和报价，购买和出售第二天每小时电力供应。在实时市场中，加利福尼亚州使用相同的市场机制来调度发电机组，以满足传输网络中所有地点的实际需求。根据加利福尼亚州的多结算地点边际定价的短期市场设计，供应商在日前市场上销售的电量与实时生产的电量之差都以机组所在地的实时价格进行结算$^{\ominus}$。例如，如果一个发电单位在日前市场上以 40 美元 /（MW·h）的价格出售 100MW·h，那么它将获得 4000 美元的销售额。如果这个机组所有者在实时生产其 100MW·h 的日间

$\ominus$　Wolak（2021b）提供了一个详细的多结算边际定价市场的描述。

计划，那么实时价格便不存在风险，该小时生产的电力的总收入是 4000 美元。然而，如果该机组实时生产 90MW·h，那么该机组必须从实时市场上以其所在地的实时价格购买（日间计划为 10MW·h）。相反，如果该机组在实时生产 105MW·h，那么其将为超出其日前计划的 5MW·h 的生产支付实时价格。

加利福尼亚州的需求响应资源不是由于日前市场购买的需求量减少而减少，而是由于行政设定基准线出售需求减少而减少。例如，需求响应提供者可能同意在日前市场的某一小时内出售 10MW·h 的需求减少量。如果这个需求响应提供者满足了某些条件，则可以在加利福尼亚州基于容量的长期资源充足机制中出售 MW 的需求减少量。默认需求响应提供者已经"交付"了需求减少量，即其在该小时内的实际需求量比加利福尼亚州国际标准化组织（ISO）和加利福尼亚州公用事业委员会（CPUC）设定的参考水平少 10MW·h。在确定需求响应供应商在实时市场上是否为净买方或卖方时，该参考水平减去在日前市场上出售的需求减少量的方式与供应商的日前计划相同。如果需求响应提供者的消费量低于该参考水平减去在日前市场上出售的需求减少量之间的差额，则按该幅度与其实际消费量之间的差额支付实时价格。反之，如果需求响应者的消耗量超过这个量级，那么其必须为这个差额支付实时价格。

正如 Bushnell 等人（2009）所指出的，这种需求响应的方法激励提供者要求加利福尼亚州 ISO 和 CPUC 为其参考水平设定尽可能高的值，因为提供者相对于这个值减少的需求会得到补偿。直接的解决方案是要求需求响应提供者像供应商一样在日前市场购买其电力计划。例如，要求希望出售 10MW·h 需求减少量的需求响应提供者在日前市场上至少购买这一数量的电力，如果其实时消费量比这一数量少 10MW·h，那么该提供者就交付 10MW·h 的需求减少量。供应商将获得这 10MW·h 需求减少的实时价格和日前价格之间的差异。通过行政程序设置供应商的参考水平，为需求响应供应商提供了隐性补贴，因为供应商不面临为每个小时设置参考水平的风险，所以希望通过从日前市场购买电力来出售需求减少量。设定需求减少参考水平的行政方法也给加利福尼亚州 ISO 带来了收入缺口，因为 ISO 通常为减少需求而支付的费用比收到的要多。下面的例子说明了这一点。考虑有一个零售商的市场，假设其在日前市场购买了 100MW·h 以服务其所有用户，而需求响应提供者在日前市场出售了 10MW·h 的需求减少量，这些需求减少量将来自零售商的用户子集，这些用户也是需求响应提供者的用户。假设这些用户的行政基准线是 30MW·h。可能会出现以下情况。需求响应提供者的用户可以消费 20MW·h，但零售商的总实时需求量仍可能等于 100MW·h。这意味着零售商和所有供应商都没有参与实时市场，因为总供应量等于日前市场的 100MW·h 需求，而实时需求等于 100MW·h。然而，为零售商的一部分用户提供服务的需求响应提供者按实时价格减少 10MW·h 的需求，并得到报酬。这笔款项必须从对所有需求评估的费用中收回，因为没有发电单位所有者生产的电力低于日前市场的计划电力，且没有负载消耗的能量高于其零售商在日前市场上的计划电力。

在供需对称处理下，如果需求响应提供者在日前市场向其用户购买了 30MW·h 的电力，而在实时中只消耗了 20MW·h，那么就提供了 10MW·h 的需求减少，将为这 10MW·h 的需求减少支付实时价格。此外，由于实时消耗的电力比在日前市场上安排的少 10MW·h，故在日前市场上销售的 10MW·h 电力必须以实时价格购买，这等于向需求响应提供者支付了相对于其日前计划的 10MW·h 需求减少量。

发电和负载的对称处理意味着为了减少实时销售需求，需求响应提供者首先要购买其随后销售的电力。这与供应商出售供应减少量是相互平衡的，这意味着供应商要买回在日前市场上出售的电力。为了在实时市场上出售减少供应量，供应商必须在日前市场上至少出售该数量的电力。需求侧必须在日前市场上购买电力，相对于日前市场，其将获得需求减少或增加的补偿，就像发电单位所有者在日后市场上出售电力，相对于日后市场，其将获得实时市场上供应增加或减少的补偿。因为在日前市场的每个小时，总需求等于总供应，相对于该需求侧的日前计划，任何需求的增加都意味着其他需求侧需求的减少或发电设备所有者相对于其日前计划输出的增加。

对称处理也应该扩展到有可靠容量的合格需求响应提供者。但是，这比在短期电力市场上对称处理需求具有更大的挑战性，因为对需求响应提供者来说，没有类似于发电设备所有者的明显的需求基线水平。发电机组所有者可以在其最低安全运行水平和最大输出之间提供零或任何水平的电力。需求响应提供者只能提供相对于行政决定的参考水平或在日前市场购买的需求量的需求减少。由于这个原因，从一个发电单位购买 10MW 的可靠容量并不能提供与需求响应提供者的 10MW 可靠容量同等的供应可靠性。下面的例子说明了这一点。从发电机组购买 10MW 的可靠容量，是为了确保在系统受压的情况下，有 10MW 的容量可以供应电力。价格响应型需求不能提供同样的保证。响应价格的负载所能出售的电量比日前市场计划的消费少 10MW·h，或比行政参考水平少 10MW·h。在第一种情况下，保证出售这 10MW·h 电量的一种方法是在日前市场上购买比负载的实时消耗量多 10MW·h 的电量，这实际上没有真正减少需求。第二种情况是设定一个固定的参考水平，几乎可以保证不等于负载在没有触发需求响应事件的情况下在该小时的消耗量。这意味着在某些小时内，在没有需求响应提供者干预的情况下，会出现低于该参考水平 10MW·h 的消耗水平。在其他时候，低于该参考水平 10MW·h 的消费将极难获得，而且这些时间很可能是在受压的系统条件下。定义需求响应的可靠容量所面临的挑战是相对于测量可靠容量的基准线并不是一个已知的数字，而是由公司选择或通过行政程序设定。就发电机组而言，发电机组的可靠容量是相对于一个已知的零基线定义的。与需求响应不同的是，能够为发电设备所有者提供的可靠容量几乎有一个透明的上限，即发电设备的容量。需求响应的大小取决于许多因素，如天气、提供需求响应的用户类型，以及在一天或一年中何时要求这种需求，所有这些因素都使得计算需求响应提供者的可靠容量的可信值的过程复杂化。

所以，允许需求响应提供者出售可靠容量的基于容量的长期资源充足机制，可能会比不允许需求响应提供者出售可靠容量的机制产生更加不可靠的电力供应行业。因此，更好的长期资源充足战略是在短期市场上将价格响应型需求与上述发电同等对待，并在基于容量的长期资源充足机制中排除价格响应型需求。

8.2　2021 年 2 月得克萨斯州零售市场设计的经验教训

2021 年 2 月得克萨斯州的经验表明，Wolak（2013）中描述的可靠性外部性证明，即使在报价上限极高的电力批发市场，也需要一个正式的长期资源充足机制。这一经验还表明，即使在具有有效的长期资源充足机制的批发电力市场中，也有必要对电力零售商进行监管，以确保零售商不会进行风险采购，从而给电力消费者带来巨大的成本。

8.2.1　得克萨斯州市场的可靠性外部性

在美国所有的电力批发市场中，短期价格管理实时供需平衡的能力受到报价的有限上限和 / 或最高市场结算价格上限的限制。尽管报价上限和价格上限可以限制供应商在短期电力市场上行使单边市场力量的能力，但也减少了供应商在稀缺条件下可以获得的收入。这通常被称为发电机组所有者的资金短缺问题。然而，这种资金短缺问题只是 Wolak（2013）所说的可靠性外部性存在的一个现象。

这种外部性之所以存在，是因为其他上限限制了电力零售商未能从短期市场对冲其预期购买的成本。具体来说，如果零售商或大型消费者知道短期市场的价格上限是 250 美元 /（MW·h），那么它就不太可能愿意在任何早期的远期市场上支付超过这个价格的电力。这就产生了一种可能性，即实时系统条件下，达到或低于报价上限的电力需求量小于供应商愿意达到或低于报价上限的数量。

这种结果意味着系统运营商必须被迫放弃市场机制，或者削减刚性负载，直到以报价上限或低于报价上限提供的可用供应等于减少的需求水平，正如 2001 年 1 月至 2001 年 4 月期间，加利福尼亚州多次发生这种情况，最近一次是在 2020 年 8 月 14 日和 15 日。2021 年 2 月 14 日至 18 日，得克萨斯州也出现了类似但更极端的情况，这需要在 2 月 15 日至 18 日进行大量的需求削减。这一结果发生在一个短期市场报价上限为 9000 美元 /（MW·h）的市场，且 2020 年年均短期价格低于 30 美元 /（MW·h）。

因为在这些系统条件下，随机削减由输电网络提供服务的不同配电网的供应（也称为滚动停电）是为了使需求等于报价上限或低于报价上限的可用供应，这种机制创造了一种可靠性外部性，因为没有零售商承担未能在交货前采购足够数量电力的全部成本。一个在远期市场上购买了足够供应量以满足其实际需求的零售商与另一个在远期市场上没有购买足够电力的相同规模的零售商同样有可能被随机削减。由于这个原因，所有的零售商都有动机在远期市场中采购不足的预期电力需求。

报价上限越低，零售商推迟向短期市场购电的可能性就越大。将更多的购买推迟到短期市场会增加短期市场在报价上限或低于报价上限时供应不足的可能性。因为零售商不承担未能在远期市场采购足够电力的全部成本，所以缺少一个长期电力合同的市场，其交付期限在未来足够长，以便使新的发电机组得到融资和建设，从而满足短期市场上所有未来条件下的需求。正如 Wolak（2021a）所指出的，监管机构授权的长期资源充足机制对取代这个缺失的市场是必要的。

除非监管机构愿意取消报价上限，并承诺允许短期价格在所有可能的系统条件下清除实时市场，否则这种监管干预对于可靠性外部性的内部化是必要的。世界上没有任何电力批发市场做出这样的承诺。所有的市场都对供应商提交给短期市场的报价有明确或隐含的上限。得克萨斯州电力可靠性委员会（ERCOT）拥有美国最高的报价上限。澳大利亚国家电力市场（NEM）有 15000 澳元 /（MW·h）的报价上限，为目前世界上最高报价上限。

正如 2021 年 2 月 14 至 18 日得克萨斯州的经验表明，短期市场上极高的报价上限并不能消除可靠性外部性。只是随机缩减以平衡实时供需时缩小了系统条件的范围。出于同样的原因，少数情况下，尽管报价上限极高，但澳大利亚国家电力市场还是出现了电力供应短缺的情况。与得克萨斯州 2021 年 2 月不同，这些短缺通常发生在夏季，而不是在极端寒冷的天气情况下。

得克萨斯州和澳大利亚的经验表明，唯一能确保在所有可能的未来系统条件下供应等于需求的"纯电力"市场，是预先承诺允许短期价格上升到所有可能的系统条件下清除短期市场的水平。这意味着一个没有报价上限的短期市场，它使电力消费者面临着在压力系统条件下支付极高价格的风险。如果没有这个承诺，那么监管机构授权的长期资源充足机制就有必要将可靠性的外部性内部化，并确保在所有可能的未来系统条件下，无论短期市场的报价上限水平如何，供应与需求相等。

这一逻辑意味着，通常在纯电力市场和容量和电力市场之间做出的区分忽略了这样一个事实，即前者的市场设计有短期价格上限，但没有监管机构授权的长期资源充足机制。容量和电力市场除了短期电力市场的报价上限外，确实有一个长期的资源充足机制，即监管机构授权的容量支付机制。在这两个市场设计中，短期电力市场的报价上限产生了上述的可靠性外部性。容量和电力市场的设计通过容量支付机制来解决这种可靠性外部性，而单纯的电力设计则没有。Wolak（2021a）提出了一个基于标准化的电力固定价格远期合同的长期资源充足机制，他认为该机制比基于容量的方法更适合于有大量间歇性可再生能源的电力批发市场。

8.2.2 电力零售商的监管权

由于得克萨斯州在 2021 年 2 月没有正式的长期资源充足机制，所以许多用户由零售商提供服务，他们从短期市场购买了相当一部分的批发电力需求，这与可靠性外部性的存在所预测的一致。在这两种情况下，电力消费者都承担了巨大的短期价格风险。

电力零售商面临着一个不对称的利润函数，行为动机便由此产生。在一年中的大多数时间和大多数年份，零售商将能够以较低的平均批发价格从短期市场购买，而不是签署长期合同来对冲与批发电力需求相关的短期价格，为他们的用户提供服务。在 2021 年 2 月期间发生的压力系统条件下，短期价格上升到 9000 美元 /（MW·h）。在 2021 年 2 月的事件发生之前，一些零售商预见到了这一结果，并采取了不寻常的措施，鼓励他们的用户转换到另一个零售商（Malik，2021）。如果用户在 2021 年 2 月 15 日或之前转换到一个新的供应商，那么零售商会为用户提供 100 美元的电力账单积分。虽然转换零售商的用户解决了现有零售商以极高的短期价格购买并以较低的固定价格出售给该用户的问题，但它并没有解决用户必须支付高电价的问题，因为用户转换的任何零售商都可能收取反映当前批发电力成本的价格。

与可靠外部性的逻辑相一致，许多房主按照每小时的短期价格支付批发电价。这在一年中的绝大多数时间里性价比极高，因为得克萨斯州的短期批发价格通常反映了大量的风能和太阳能生产，2020 年得克萨斯州的年平均短期价格低于 30 美元 /（MW·h）。有一家叫作 Griddy 的公司，因使用每月订购费和每小时短期批发价格的转嫁来销售零售电力而闻名。在极端天气早期，Griddy 告诉其所有用户更换零售供应商（Malik，2021）。那些没有更换的用户中，在这段时间内以 9000 美元 /（MW·h）或 9 美元 /（kW·h）的价格购买了大部分的批发电力，因此许多人无法支付账单。因此，ERCOT 取消了 Griddy 的经营权，并于 2021 年 2 月 21 日生效。

虽然在 ERCOT 建立长期资源充足机制可能避免 2021 年 2 月发生的极高批发价格和削减刚性负载，但这不可能消除由压力系统条件引起的短期高批发价格时期。因此，如果没有监管程序来监督零售商的对冲活动，那么即使得克萨斯州实施了有效的长期资源充足机制，未来也可能出现与 2021 年 2 月事件类似的情况。零售商可以通过购买短期批发价格的电力，以固定价格向最终消费者出售电力。同样，像 Griddy 这样的零售商可以为用户提供转嫁的小时批发价格作为其零售价格，这将是一个非常有吸引力的零售价格，直到这些系统条件发生。

如果用户由于对电力的需求有很大一部分是因室外温度过低而产生的空间加热需求，而导致无法将需求从高价期转移，那么对用户的消费收取极高的整售价格在很大程度上是不公平的。这种逻辑强调了一个极其重要的观点，即用户的最大负载量应该从短期市场购买。用户只应接触到他们为应对极高的价格而能减少的每小时消费价格。可能有一些商业或工业用户可以将他们的需求减少到零，以应对极高的短期价格，但有很多住宅用户不太可能做到这一点。

第 7 章中讨论的刚性负载定价计划符合这一逻辑。用户在一个月内以固定价格购买一个固定小时负载，并以实时价格购买或出售偏离这个刚性负载。该用户只对超出该小时负载消费承担短期价格，如果该用户能够将其每小时的消费减少到该负载以下，就可以按实时价格回收能源。监管部门对零售商的一个重要作用是确保用户只对每小时的消耗量承担实时价格，用户可以在系统受压的情况下随时减少消耗。很少有零售用户为其一小时内的所有消费支付短期批发价格。

监管程序可能会要求那些希望承担比本月度负载型零售价格更大的短期价格风险的用户签署一份免责声明，解释他们理解短期价格可能会持续上升到极高的水平，而且一旦出现这种结果，他们有足够的财力支付账单。这类免责声明必须由交易期权和期货合约等高风险证券的个人签署。

对大多数用户来说，以小时批发价购买月用电量的很大一部分是在对他们每月支出的很大一部分进行冒险赌博。例如，得克萨斯州每个用户每月平均住宅电力消费约为 1100（kW・h），平均价格为 12 美分 /（kW・h），每月约 130 美元。然而，持续购买 9000/（MW・h）美元的批发电力可以很容易地将这个月的账单增加到数千美元。只有拥有充足的经济实力和经验的用户才能进行这种赌博。

对电力零售的监管必须确保零售商不会冒险。任何零售商对短期价格的净风险敞口应尽可能接近于零。所有以固定零售价格出售给用户的电力，都应该用批发电力的固定价格进行远期合约对冲。不应劝阻零售商以固定价格向最终消费者出售大量电力，而这些价格是他们从短期市场购买的。这创造了最初的条件，导致电力零售商支付用户在极高的批发电力价格之前或期间更换供应商。

与零售银行的情况类似，监管机构必须确保电力零售商不拿用户的钱来赌博。依靠短期市场来满足他们很大一部分的能源批发需求是一种利润最大化的策略，除非在受压的系统条件下，短期价格可能大幅上涨。监管机构必须确保所有零售商有足够的固定价格远期合同来对冲他们的短期价格风险，或者有足够的抵押品在系统条件紧张和短期价格极高时继续供应他们的用户。

零售市场监管机构可能希望考虑对所有零售商的财务偿付能力要求。这是对零售商的短期价格净风险的上限。可以按一天中的每一小时来设定，以月为单位。例如，对于一天中的每一个小时，零售商必须对该小时内的需求量进行固定价格对冲。又例如，一天中的高峰时段可能比非高峰时段有更高的最低分数，因为极高的短期价格不太可能在旧高峰时段发生。

财务偿付能力过程的第二步是验证这些上限是否符合实际需求，并对未能满足上限的零售商进行惩罚。假设要求零售商在一天的高峰时段所提供的 90% 的需求必须在当月用固定价格的远期合同来支付。如果零售商不能证明这一点，那么根据当月的实际需求和零售商持有的固定价格远期合同，将评估零售商为不足的额度缴纳罚款 [美元 /（MW·h）]。这将确保零售商有足够的对冲能力，在短期价格持续高涨的情况下，能够继续为他们的用户服务。

8.3　间歇性可再生能源占很大比重的电力零售业

　　加利福尼亚州和得克萨斯州的经验强调了市场需求方在间歇性可再生能源占很大份额的全销售电力市场中保持实时供需平衡的重要性。批发价格也可能变得更加不稳定。间歇性可再生能源产量高的时期通常会导致价格低，而间歇性可再生能源产量低的时期会导致收回可调度发电机组运营成本或资助储存能力投资所需的高价格。由于可再生电力产量低的时期一次可以持续几周，所以零售市场监管机构必须确保电力零售商和消费者都能对冲这些潜在的高价时期，否则这些事件可能会对经济造成重大破坏，就像 2021 年 2 月得克萨斯州和 2020 年 8 月加利福尼亚州的情况一样。

参考文献

Bushnell J, Hobbs BF, Wolak FA (2009) When it comes to demand response, is FERC its own worst enemy? Electr J 22(8):9–18. http://web.stanford.edu/group/fwolak/cgi-bin

Malik NS (2021) Texas power retailers to customers in face of freeze: please, leave us. Bloomberg News

Wolak FA (2013) Economic and political constraints on the demand-side of electricity industry re-structuring processes. Rev Econ Inst 4(1):42

Wolak FA (2015) Long-term resource adequacy in wholesale electricity markets with significant intermittent renewables. http://web.stanford.edu/group/fwolak/cgi-bin/sites/default/files/NBER_Intermittent_wolak_final.pdf. Accessed 15 2021

Wolak FA (2021a) Market design in an intermittent renewable future: cost recovery with zero-marginal-cost resources. IEEE Power Energy Mag 19(1):29–40

Wolak FA (2021b) Wholesale market design. In: Glachant JM, Joskow PL, Pollitt MG (eds) The handbook on electricity markets. Edward Elgar Publishers, forthcoming

第9章 未来研究方向

对于电力零售业的未来，无论是被动的还是前瞻性的研究方法，未来都有许多的研究方向。适用于这两种可能的未来的主题有：①使用具有 Wi-Fi 功能的插头和内部路由器对需求响应进行直接负载控制的技术和财务可行性；②对储存进行估值的机制，具有避免配电网络升级的能力，同时仍允许其参与能源和辅助市场；③允许远程控制配电网的资源，如太阳能光伏容量、储存、高速汽车充电、电加热和冷却，为批发市场提供辅助服务的机制。前瞻性未来的独特主题包括：①配电网络服务的空间和时间定价；②以突出和可操作的方式向用户传达动态定价信息的方法；③为用户提供低碳能源解决方案的零售商的捆绑策略。

9.1 直接负载控制的技术和财政可行性

虽然现有技术可以让零售商通过家庭 Wi-Fi 系统和智能插头和开关为用户提供直接的负载控制服务，但目前还不清楚这些服务在经济上可行的必要条件。如果零售商对大量需求有直接的负载控制，那么当经济状况有利时，就可以利用这些资源来减少其需求。

如 7.3.3 节所述，具有高报价上限和无容量支付机制的多结算批发市场是理想的批发市场设计，可以从这些分配网络可控负载中获得最大的价值。日间市场提供了更多可预测的小时价格，零售商可以用它来安排这些负载的减少。缺乏容量支付机制增加了支持这些行动的批发价格的日内变化的可能性。最后，短期市场上较高的报价上限意味着零售商可以利用这些技术的日内价格差异的规模有更大的潜在上升空间。

9.2 受管制的非电线替代方案和不受管制的服务

众所周知，配电网安装储存设备可以替代配电网升级。然而，这些设备也可以从购买和销售能源或销售辅助服务中获得额外收入。这给监管机构带来了一系列困难，包括确定如何补偿分布式储存设备提供的受监管服务，并仍然允许其销售基于市场的服务。

美国的一些司法机构正在进行诉讼，试图解决这个问题。有必要制定一套原则来管理这些部分受管制资源的行为，以防止储能所有者利用其受监管的行为来为其竞争性市场销售带来好处。这些原则还必须允许储能所有者有足够的灵活性来赚取市场收入，以尽量减少其财务可行性所需的监管收入。

9.3　分布式能源管理系统（DERMS）投资的可行性

在具有可再生能源、电动汽车和电热空间目标的地区，可能需要对 DERMS 进行投资，以便以最低的电力消费者成本实现这些目标。这需要制定监管成本 / 效益评估的框架，以确定是否应该进行这些投资。

同样，批发市场的设计将在本次决策过程中发挥重要作用。没有容量支付机制和高报价上限的多结算 LMP 市场可能是有利于这些投资的批发市场设计。

9.4　配电网的时空定价

在具有高报价上限和无容量支付机制的批发市场的地区，配电网的空间和时间定价是一个潜在的利润丰厚的领域，是一个具有前瞻性的零售部门。这项研究将建立一个具有代表性的配电网的现实数学模型，以研究配电网服务定价的替代方法，从而实现家庭在分布式太阳能和负载管理技术方面更有效的投资决策，并最大限度地为第三方提供增值配电网服务的机会，以提高系统的可靠性并降低配电网的总成本。

这项研究可以分三个阶段进行。第一阶段将汇编关于代表性配电网地区的技术特征和运营行为的详细数据。第二阶段将使用该信息构建该配电网的数学模型，该模型能够以可接受的精度水平复制在一系列系统条件下配电网中的实际功率流。第三阶段将使用这个数学模型来模拟这个配电网在一系列定价和运营协议下的运营和定价。这一阶段还将确定潜在的增值配电网服务，并分析定价的替代方法，以获取这些配电网服务的运营成本和系统可靠性效益。

由此产生的网络定价模型可以用来确定零售商和第三方购买和销售批发市场服务和配电网服务的不同定价方法的收益和成本。

9.5 调整用户以管理批发价格波动

提高电力消费者的能源认知度是最终消费者适应管理批发价格风险的第一步。正如本书中多次强调的那样，所有使用间隔电表的用户面临的默认价格必须是实时小时价格。这意味着所有零售商必须为其服务的所有带间隔电表的用户的实际小时消费量支付实时小时价格。如果有规定的默认固定交付的能源批发价格，则该价格必须远高于年度平均能源批发价格，原因在 7.2 节中讨论。

有了这些初始条件，可能仍然需要提高电力消费者对能源的认识。与其他商品和服务不同，消费者不直接消费电力。相反，他们使用一件耗能的资本设备，如灯泡、空调、加热器、手机、电视或计算机电力，消耗几分钟或几小时的电力服务。很少有消费者了解这些电力服务的成本。因此，有机会向消费者通报常用电力服务的成本。

一个简单的经济模型可以解释这个问题。令 $S_t = (s_{1t}, s_{2t}, \cdots, s_{Kt})'$ 等于家庭在计费周期 t 内对能源服务的 K 维向量，其中 s_{kt} 是家庭在计费周期内对耗电设备 k 的服务需求，以使用小时为单位。令 E_t 等于家庭在计费周期 t 内的电力消费，它通过以下"电力生产函数"与 S_t 相关，$E_t = \sum_{k=1}^{K} A_{kt}s_{kt} + \epsilon_t$，其中 A_{kt} 是在计费周期 t 内电器 k 使用一小时所消耗的平均 $kW \cdot h$ 的能量；ϵ_t 说明计费周期内天气及其他背景条件的变化。设 $p(E)$ 等于消费者所面临的价格表。例如，$p(E) = F + c(E)$，其中 F 是每月固定费用；c 是电网供电的每月平均边际费用。根据这一公式，家庭每月的账单等于

$$\text{Bill}(S_t) = \int_0^{\left[\sum_{k=1}^{K} A_{kt}s_{kt}+\epsilon_t\right]} p(x)\mathrm{d}x$$

令 $E^* = \sum_{k=1}^{K} A_k^* S_k^*$ 为家庭在一个计费周期内的典型用电量，S_k^* 为家庭使用 K 种用电设备的典型小时数向量，A_k^* 为使用电器 k 一小时所消耗的 $kW \cdot h$ 的典型费率。这个公式教会家庭如何确定 Bill (S_t) 以及用户拥有的主要耗电电器 $\dfrac{\partial \text{Bill}(S_t^*)}{\partial S_k^*}$ 的值，从而可以培养出更有经验的用户，他们愿意管理批发价格风险。

9.6 低碳能源捆绑策略

展望未来，当所有用户都有间隔表时，配电网的定价是有效的，所有用户的实际生产都收取小时实时价格，并且当没有或有一个非常高的固定默认价格时，电力零售不再仅仅是销售电网供电。零售商现在是能源服务提供商，为消费者提供不同属性的能源服务。

　　零售商可以销售太阳能电池板、电池、负载灵活性设备、高速汽车充电器、电加热系统和其他设备。零售商可以精心设计各种技术组合，提供用户所需的一系列能源服务属性，并为这种组合定价。零售商可以向具有灵活需求的高需求用户提供有吸引力的交易，并利用这些用户，如 7.2.4 所讨论的，以减少为其他用户提供服务的成本。

　　零售商还可以提供直接的负载控制服务，并管理与为用户服务以换取固定月度账单相关的所有批发价格风险，只要用户的月度消费保持在一定范围内，并且用户同意由零售商安装和使用某些自动响应技术。或者，零售商可以允许用户使用手机消息或用户发起的需求响应应用程序来管理一些批发价格风险，并与用户分享节省的费用。

附　录

附录 A　当前分布式光伏政策实例

国/州/省	全买全卖模式	净计量		实时自用模型	
		电量计量	电量计量外的上网收入	电量计量	上网收入
中国	是	否		是/实时	基于电量
纽约（美国）	否	否		是/实时	基于电量
加利福尼亚（美国）	否	是/年度	基于电量	否	
德国	否	否		是/实时	基于电量
日本	是	否		是/实时	基于电量
澳大利亚	否	否		是/实时	基于电量
法国	是	否		是/实时	基于电量
西班牙	否	否		是/实时	批发或基于电量
土耳其	否	是/月度	基于电量	否	
弗兰德斯（比利时）	否	是/年度	基于电量	是	零至批发电价
荷兰	否	是/年度	基于电量	否	
英国	否	否		是	基于电量
马哈拉施特拉邦（印度）	否	是/年度	基于电量	否	
特伦甘纳邦（印度）	否	是/半年	基于电量	否	
以色列	是	是/月度	基于电量	否	
越南	是	否		否	
瑞典	否	否		是/实时	基于电量
丹麦	否	否		是/实时	基于电量
意大利	否	否		是	基于电量
印度尼西亚	否	否		否	
泰国	否	是/年度	基于电量	否	
菲律宾	否	是/月度	批发	否	
墨西哥	是	是/年度	基于电量	是	批发

附录 B	数据和方法

B.1 来自美国能源信息署的数据

美国能源信息署从所有参与美国及其领土上的发电、输电、配电和售电的公司收集详细的年度数据[一]，这些数据收集在 EIA-861 和 EIA-861S 表格中（美国能源信息署，2020）。在这些表格中，提供给美国能源信息署的信息构成了年度电力行业报告。所有的数据都在美国能源信息署的网站上公开，并且可以检索到 1990—2019 年的所有年份。表格 EIA-861S 被称为"简表"，被上一年度年零售量为 100GW·h 或更少的电力公司使用。这一门槛的例外情况适用于未捆绑的零售商（仅交付或仅能源供应商）、田纳西河谷管理局（Tennessee Valley Authority，TVA）或 WPPI 能源公司旗下的公司，以及属于美国能源信息署统计选择的月度数据供应商样本的公司。符合其中一个例外情况的公用事业必须填写表格 EIA-861。每份表格的完整文件和说明都包括在每年的数据集中（美国能源信息署，2017）。

与表格 EIA-861 和 EIA-861S 相关的数据集包括关于美国电力部门多个方面的年度数据。并非表格 EIA-861 中收集的所有信息都在简表中收集。简表不报告他们拥有的标准电表的数量，只有 AMR 和 AMI 电表数。AMI 是美国能源信息署用来指代智能仪表的术语。此外，简表只询问受访者是否提供净计量，但不报告他们有多少净计量能力。对于动态定价计划，简表受访者只报告他们在某种基于时间的关税中注册的用户数量。与表格 EIA-861 的受访者不同，其没有具体报告是否提供 TOU、RTP、VPP、CPP 或 CPR 定价。由于表格 EIA-861S 的这些缺点，在计算中通常会省略简表上报告的数据，以便在计算市场普及率等统计数据或项目或技术采用的其他比较时保持一致。任何例外情况将在本节中注明。2019 年，所有受访者，即使是那些通常会填写简表的人，也需要填写一份长表。为了保持对不同年份数据的一致理解，从 2019 年数据中省略了前几年承诺的简表受访者。也就是说，尽管简表受访者在 2019 年提供了更完整的信息（如标准电表计数或净计量容量），但省略了之前未报告此类数据的简表受访者。2019 年，简表受访者占所有用户的比例不到 0.9%，其销售额（MW·h）占电力销售额的比例不到 0.7%。

表格 EIA-861 和 EIA-8615 提供的数据大部分按最终用户部门报告。这些部门包括住宅、商业、工业和交通。以下是美国能源信息署对用户部门的定义（美国能源信息署，2017）。住宅部门包括私人家庭和公寓楼，它们的能源主要消耗在空间供暖、水供暖、空调、照明、制冷、烹饪和衣服烘干上。商业部门包括非制造业的商业机

一　本书不涉及领土问题。

构，如宾馆和汽车旅馆、餐馆、批发企业、零售商店、卫生、社会和教育机构、公共街道和公路照明、市政当局、根据特别合同或协议的州和地方政府的部门或机构，以及相关管理机构和/或电力部门定义的其他公用事业部门。工业部门包括制造业、建筑业、采矿业、农业、渔业和林业机构。运输部门包括公路和铁路。

B.1.1 高级计量

在第 5.1 节中，使用表格 EIA-561 中的先进计量数据，以计算国家和州一级的智能电表采用和市场普及的历史趋势。为了计算市场普及率，使用以下公式：

$$智能电表市场普及率（\%）= \frac{AMI}{AMI + 标准电表 + AMR} \times 100$$

这一比例可以在个别州或全国范围内的最终使用部门层面上计算。分子和分母可以只包括每个州或部门的电表数。由于数据是在电力企业层面报告的，所以首先将电表数汇总到州层面。

因为简表受访者不提供他们的标准电表数，包括他们在这个计算中的 AMI 和 AMR 电表数，这会夸大市场普及率估计。在某些情况下，2019 年，简表受访者安装的智能电表仅约有 26.4 万台。在美国安装的所有智能电表中，这些约占 0.3%。因此，为了保持一致性，市场普及率仅基于表格 EIA-561 的受访者报告的电表数。根据简表受访者安装的标准电表的实际数量，实际市场普及率可能略高或略低。该方法适用于生成图 5-1、图 5-2 和图 5-3a。另外，关于图 5-1，美国能源信息署在 2013 年之前未收集标准电表数，因此仅显示了 2013—2019 年的总数、非 AMI 数和标准电表数。此外，在 2008 年和 2009 年，美国能源信息署记录了 AMI 的用户数量，而不是智能电表的实际数量。这种差异可能很小，因为大多数用户，特别是住宅部门的用户，往往只有一个电表。最后，由于图 5-3b 只说明 AMI 电表的原始增长（而不是普及率），所以确实包括简表受访者安装的智能表。

图 6-1 显示了采用 DLC、HAN 和 DDA 的情况，也是使用表格 EIA-861 中记录的高级计量数据生成的。由于简表受访者没有报告配备 HAN 的电表数量或他们拥有 DLC 或 DDA 的用户数量，在这些计算中省略了它们。HAN 的市场普及率按 HAN 装备的电表总数的百分比计算。DLC 和 DDA 的市场普及率分别计算为拥有 DLC 和 DDA 的所有电力用户的百分比。使用美国能源信息署推荐的协议计算用户数量。将在附录 B.1.2 中描述这一过程。

B.1.2 动态定价

4.3 节和 5.3 节所指的是使用表格 EIA-861 和 EIA-8615 应答者提供的动态定价数据计算的统计数据。

简表应答者报告了他们参加某些类型的基于时间的费率计划的用户数量，包括使用时间、实时定价、可变峰值定价、关键峰值定价或关键峰值回扣。也就是说，他们报告了参加任何一种类型项目的人数，但未报告每种类型项目的报名人数。然而，简表并没有报告他们计划的这些类型的项目中的哪一种。重要的是要注意，尽管美国能源信息署认为 TOU 计划是"动态的"，但在本书中却不是。虽然 EIA-861 的受访者确实报告了他们提供的哪种类型的项目，但他们没有报告每种类型项目的用户数量。正因为如此，只能计算参加某种类型的高级关税项目的用户百分比，而无法计算参加任何一种类型项目的用户百分比。由于简表受访者确实报告了他们招募的具有高级特征的用户数量，因此确实将他们纳入了市场普及率计算中。对于这些计算，使用以下公式：

$$高级关税市场准入（\%）= \frac{参加的用户数量}{总用户数量} \times 100$$

可以通过限定分子和分母只包括属于每个州或部门的用户来计算个别州和部门的市场普及率。由于数据是在电力企业层面报告的，所以首先将注册的用户数量汇总到州层面。图 5-12 是使用这些步骤产生的。

每个州和部门的用户总数记录在表格 EIA-861 和 EIA-S6lS 中，这些都在最终用户销售数据集中提供的，遵循美国能源信息署的协议来汇总用户数量、销售额和收入。为了将用户数量汇总到州一级，取全服务（捆绑）供应商、纯能源供应商以及零售能源供应商和电力营销人员报告的用户总数。属于纯交付供应商的用户被省略，以避免重复计算纯能源供应商已经报告的用户。一些计算要求省略简表受访者，以便准确估计市场普及率。在这些情况下，使用相同的协议，但也通过使用数据集中的美国能源信息署指标省略了属于简表受访者的用户[⊖]。

B.1.3　分布式太阳能

为了计算 5.2 节中提供的许多美国统计数据，使用表格 EIA-S6l 中报告的净计量和非净计量的分布式发电机数据。数据表格 EIA-861 收集了所有网络计量分布式太阳能系统的广泛数据，包括装机容量、系统数量、存储容量和存储系统数量、虚拟网络计量（社区太阳能）容量和用户数量，以及从网络计量容量出售回电网的能源。这些数据是在电力企业层面报告的。此外，受访者报告了任何 TPO 太阳能系统的容量，以及参加 TPO 太阳能网络计量的用户数量。在表格 EIA-561 的单独附表中，受访者报告了他们安装的不属于净计量计划（非净计量分布式）的分布式太阳能容量。

使用这些数据产生了图 5-7，该图显示了分布式太阳能发电系统类型（用户拥有、

⊖　在数据集中，为了省略简短的回答，删除"部分"值为"A"和"效用数"值为"99999"的观察结果。

虚拟、TPO 和非网络计量）的州级组成。使用州一级的电力用户计数（在 B.1.2 节中描述），计算了每 100000 个用户在每种状态和每种类型的太阳能系统的容量。由于简表受访者没有报告他们的净计量太阳能系统的容量，因此在用户数量中省略了他们的用户。还利用这些数据绘制了图 5-8 和图 5-9。图 5-8a 是使用州一级所有净计量分布式太阳能发电能力的总和绘制的。容量被每个州的电力用户总数划分，但省略了简表受访者。图 5-8b 显示了每个州从净计量计划中出售回电网的总能量。美国能源信息署不回收 TPO 太阳能系统公司回售的能源总量，因此图 5-8b 中显示的数值仅基于从用户拥有的和虚拟发电系统回售的能源，以及网络计量存储系统。

图 5-9 使用了表格 EIA-861 和 EIA-560 的数据。后者是用于收集美国能源信息署年度发电机报告（美国能源信息署，2020）数据的表格。表格 EIA-860 收集了所有容量至少为 1MW 的并网发电机的总容量。数据是由 EIA 在电力企业层面上记录的，因此计算了每个州的太阳能光伏容量总和。其中一些能力是在净增量项目中注册的。图 5-9 列出了这些电力企业规模的太阳能容量，以及使用上述方法计算的分布式太阳能容量。将容量除以州级用户数量，以显示每 100000 个用户的容量。

B.1.4 需求响应

美国能源信息署记录了美国电力企业公司使用的需求响应计划的一些细节。受访者在表格 EIA-861 中报告了他们参加需求响应计划的用户数量，这些计划的节能情况，与需求响应相关的潜在和实际峰值需求节约，以及用于激励和需求响应计划其他成本的金额。同时还报告了他们在该日历年内安装的并网需求侧管理热水器的数量。与对先进电价的市场普及率计算类似，使用以下公式来计算需求响应市场普及率：

$$需求响应市场普及率（\%）= \frac{参加的用户数量}{总用户数量} \times 100$$

由于简表受访者没有报告他们已经参与需求回应的用户数量，所以在计算市场普及率时将他们的用户从用户总数中省略。图 5-17 的两个图都是用这种方法绘制的。

B.1.5 零售价格数据

在 4.1 节对美国零售电价趋势的讨论中，使用了从表格 EIA-861 和 EIA-861S 数据中计算出来的平均零售收入（ARR）统计数据。这些数据可以直接从原始的表格 EIA-861 数据集中生成，也可以直接从美国能源信息署获取，其中的 ARR 计算已经在州和国家层面完成，可以追溯到 20 世纪 90 年代。

$$年平均零售收入 [美元/(kW \cdot h)] = \frac{零售收入（美元）}{零售能源销售（kW \cdot h）}$$

利用平均零售收入，可以估计一年中的平均价格，以解释零售电价在日间或季节性的波动。美国能源信息署计算了全服务（未捆绑）能源供应商、仅交付供应商和仅能源供应供应商的这些统计数据。仅提供能源的供应商在 20 个州和哥伦比亚特区的重组零售市场经营如图 4-1 所示。此外，使用美国能源信息署的这些数据生成图 4-2 ～图 4-5。

B.2　彭博社的数据

本书中引用的一些数据不公开，必须通过彭博终端访问。本书自始至终都引用了这些数据，包括在彭博终端中定位其所需的代码。

表 B-1　BNEF 太阳能组件规范

组件	单晶硅	聚合物 / 多晶硅
太阳能硅片	·156mm（6"）侧 ·直径 200mm ·180～200μm 厚	·方形晶圆 ·156mm（6"）侧 ·180～200μm 厚
太阳能电池	·125mm 或 156mm 侧 ·直径 165mm 或 200mm ·180～200μm 厚	·156mm 侧 ·180～200μm 厚
太阳能组件	·叠层框架 ·每个组件至少 40 个单元	·层叠框架 ·每个组件至少 40 个单元

B.2.1　技术价格

图 2-1 和图 2-2 显示了锂离子电池和太阳能发电硬件的历史价格。图 2-1 和图 2-2 显示了锂离子电池和太阳能发电硬件的历史价格。图 2-1 中显示的全球锂离子电池价格由彭博新能源财经（BNEF）报告。该指数的代号为 IBWWST，价格由 BNEF 利用主要研究和第三方数据计算得出。光伏级多晶硅的价格也由 BNEF 报告。图 2-1 还显示了智能传感器的历史价格，但这些价格是由 Business Insider Intelligence 报告的，并从 Microsoft Dynamics 365（2018）中检索出来。

图 2-2 显示了太阳能晶片、电池和模块的历史价格趋势，也是利用太阳能设备仪表板的数据制作的。这些价格来自彭博新能源财经（BNEF）太阳能现货价格指数。表 B-1 提供了与每个价格相关的材料的规格。

B.2.2　全球电动汽车发展趋势

图 2-9 提供了电动汽车采用的历史趋势，也使用了从彭博终端检索的数据。美国国家级电动汽车锂离子电池需求数据由 BNEF 报告，也是初级研究的结果和第三方的

数据。BNEF 同样计算和报告美国国家级的电动汽车能耗。

B.3 IEA 2019 年可再生能源数据的计算

对全球采用分布式太阳能的大部分讨论都是通过国际能源署（IEA）提供的详细数据和预测来实现的。国际能源机构关于全球可再生能源市场状况的最新年度报告，即 2019 年可再生能源分析和至 2024 年的预测（"2019 年可再生能源"）广泛讨论了分销一代的历史和市场有望在未来几年取得进展的方向。报告及其所依据的原始数据均不可公开。

与 2019 年可再生能源相关的原始数据提供了 2018 年全球水平以及 41 个国家和 7 个世界区域的离网、住宅和商业 / 工业分布式太阳能发电能力（IEA，2019a）。2019 年可再生能源将离网装置定义为容量在 8W ~ 100kW 之间的装置，这些装置是家用或小型商业系统或微型电网的一部分。住宅系统包括容量高达 10kW、并网连接、安装在屋顶上的住宅系统。商业和工业系统包括容量在 10kW ~ 1MW 之间、电网连接、地面安装或安装在屋顶上的系统。IEA 指出，在一些例外情况下，大于 1MW 的装置仍有资格作为分布式商业 / 工业装置，因为它们用于自我消费（IEA，2019b）。此外，2019 年可再生能源数据集包括这些国家和世界区域的太阳总容量（包括分布式）。利用太阳能总容量和分布式容量，按以下方式计算每个国家的总实用规模容量。实用规模的光伏容量 = 总光伏 −（离网 + 住宅 + 商业）。

除了提供 2018 年的实际产能，IEA 还预测了到 2024 年的国家层面的分布式太阳能产能。IEA 提供了两种预测方案，即主要情况和加速情况。使用主要情况来估计 2024 年的产能统计。主要情况的预测是基于当前的市场趋势，并每年进行修订。加速情况的预测基于政府将解决政策和监管的不确定性，发展中国家的高投资风险，以及太阳能的系统整合等假设（IEA，2019b）。

对于图 2-7 和图 5-10，计算了部分国家的人均产能。数据来自联合国经济和社会事务部检索人口统计（联合国，2020）。

使用联合国《2019 年世界人口展望》数据集，该数据集提供了 1950—2020 年的历史人口，以及到 2100 年的国家层面的人口预测。对于 2024 年的预测人口，使用了中度生育率变异预测（Medium Fertility Variantforecast）。联合国使用基于生育率变化的历史变数的概率预测，同时也考虑到未来变化的不确定性。"中等生育率变量"假设是基于概率模型几千条轨迹的中值。

B.4 美国电动汽车发展趋势

在对美国采用电动汽车的讨论中，利用了美国能源部和运输部的详细数据，以及汽车创新联盟（以前称为汽车制造商联盟）提供的 EV 注册数据。图 2-8a 显示了 2010—2019 年各州运营的电动汽车充电站数量。这些数据大部分都可以通过替代燃料数据中心站点定位器网站公开获得。然而，在线数据库没有每个站点的开放日期。为了检索开业日期，直接从能源部能源效率和可再生能源办公室的车辆技术办公室获得了数据。车辆技术办公室指出，他们提供的一些开业日期是根据假设估计的，数据中包括的油站只包括活跃的油站，不包括以前开业和关闭的油站。因此，在我们计算每年年底有多少油站开业时，当然有可能在某年有更多的油站，但它们在油站关闭后就被关闭了。因此，这里的计算结果应被视为估计值。从车辆技术办公室收到的充电数据是截至 2019 年 11 月 14 日的数据。这些数据包括公共和私人充电站，但从每个州的总计数中省略了私人充电站的计数。在这些数据中，充电站的每个单独的充电器或插座被表示为一个单独的观察。利用分配给每个独立充电站的独特设备识别码，能够确保不会将插座重复计算为多个充电站。

利用这些数据，图 2-8a 显示了从 2010—2018 年每年年底运行的站点数量。对于 2019 年，该图显示了截至 11 月 14 日的运营站点数量。图 2-8b 也利用了这些数据，以及交通部报告的交通量趋势。交通部的公路政策信息办公室有一个至少可以追溯到 2002 年的每月车辆行驶里程的数据库。计算了 2010—2018 年每月 VMT 的年平均值。2019 年，计算了 1 ～ 11 月的平均值，因为充电站数据仅为截至 11 月 14 日的最新数据。将每年年底（或 2019 年 11 月）各州公用充电站数量除以当年年平均月 VMT。图 2-8c 利用了汽车创新联盟（以前称为汽车制造商联盟）的全面历史数据，这些数据包括 2011 年 1 月至 2019 年 6 月各州注册的电池电动汽车（BEV）和插件式混合动力电动汽车的数量。汽车创新联盟使用 IHS Markit 和 Hedges&Co.- 两家市场研究机构提供的信息汇编了这些数据。重要的是，这些数据跟踪了在一个状态下注册但后来在不同状态下重新注册的车辆。正因为如此，我们并不担心跨越州线移动的重复计数车辆。这些数据可从汽车创新联盟的先进技术车辆销售仪表板公开获取，生成图 2-8c。使用了截至 2019 年 6 月安装的收费站计数，以便与先进技术车辆销售仪表板数据集的时间尺度保持一致。

参考文献

IEA (2019a) Iea market report series—renewables 2019. Dataset; Provided by IEA

IEA (2019b) Renewables 2019 analysis and forecast to 2024. Tech rep, International Energy Agency

Microsoft Dynamics 365 (2018) 2019 manufacturing trends report. Tech rep, Microsoft

United Nations (2020) World population prospects 2019. https://population.un.org/wpp/Download/Standard/Population/. Accessed 11 Feb 2020

US EIA (2017) Form EIA-861 annual electric power industry report instructions. Included with the Form EIA-861 detailed data files

US EIA (2020) Annual electric power industry report, Form EIA-861 detailed data files. https://www.eia.gov/electricity/data/eia861/. Accessed 30 Oct 2020

US EIA (2020) Form EIA-860 detailed data with previous form data (EIA-860A/860B). https://www.eia.gov/electricity/data/eia860/. Accessed 10 Oct 2020